AF548177

**GÄRTEN DER VILLA TARANTO IN PALLANZA** 8

Blumen- und Pflanzenparadies mit Alpenblick und seltenen Stars wie Urweltmammutbaum und Riesenseerosen.

➤ S. 56, Lago Maggiore

**VILLA CARLOTTA** 6

In dem Palazzo am Seeufer vermischen sich Natur und Kultur zu einem unvergesslichen Ensemble. Zur Blütezeit im Frühjahr gerät ein Besuch des Gartens zum Farbenrausch.

*Tipp: Halten immer still: Im Garten posieren Orangen und „Buddhas-Hand"-Zitronen das ganze Jahr über.*

➤ S. 108, Comer See

**DOM SANTA MARIA MAGGIORE IN COMO** 9

Ein großartiges Bauwerk, durch verschiedene Stilepochen gewachsen.

*Tipp: Am Nachmittag scheint die Sonne durch die bunten Glasfenster ins Innere – ein Tanz bunter Farbtupfer.*

➤ S. 100, Comer See

**VARENNA** 7

An der Seepromenade sitzen und genüsslich ein Glas Wein trinken (Foto).

➤ S. 118, Comer See

**PIAZZA GRANDE IN LOCARNO** 10

Der Höhepunkt des Sommers: Zum Filmfestival wird die Piazza Grande zum Freiluftkino.

➤ S. 44, Lago Maggiore

# INHALT

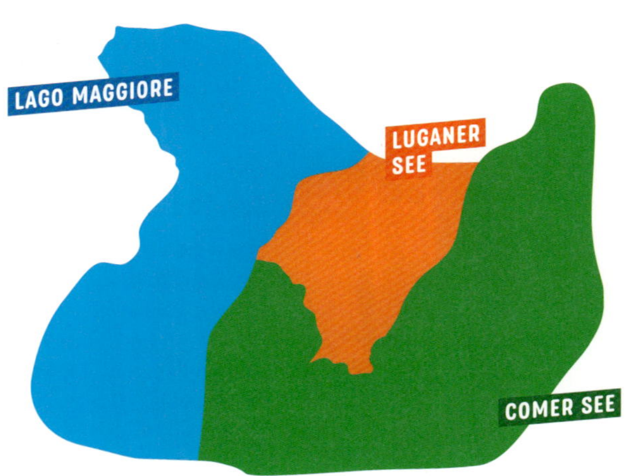

# OBER ITALIE NISCHE SEEN

## LAGO MAGGIORE
## LUGANER SEE
## COMER SEE

INSIDER-TIPP
Deine Abkürzung ins Erleben!

Reisen mit MARCO POLO Insider-Tipps

# MARCO POLO TOP-HIGHLIGHTS

### BORROMÄISCHE INSELN ★ 1

In den Palästen auf Isola Madre und Isola Bella feierten die Borromäer rauschende Feste, ihre Gärten sind üppige Kunstwerke.

📷 *Tipp: Von der Uferpromenade beim Grandhotel Bristol in Stresa schaust du direkt auf die Gartenterrassen der Isola Bella.*

➤ S. 62, Lago Maggiore

### MONTE GENEROSO ★ 2

Den Gipfel des schönsten Aussichtsbergs im Tessin erklimmt man wandernd oder gemütlich per Zahnradbahn.

📷 *Tipp: Geh nah ran ans Restaurant „Steinblume": Dann glitzert der Granit und die Wolken spiegeln sich in den Fenstern.*

➤ S. 92, Luganer See

### BELLAGIO ★ 3

Kein Ort am Comer See liegt spektakulärer als das zauberhafte Städtchen an der Gabelung der beiden südlichen Seearme.

➤ S. 112, Comer See

### ORTASEE ★ 4

Der kleine Nachbarsee des Lago Maggiore: ein malerisches Örtchen, eine Insel im See und jede Menge Outletstores.

📷 *Tipp: Den schönsten Blick auf die kleine Insel hast du von der Terrasse auf dem Sacro Monte.*

➤ S. 63, Lago Maggiore

### MONTAGNOLA & COLLINA D'ORO ★ 5

Der Hermann-Hesse-Spazierweg und Wanderungen auf den Spuren des Dichters.

➤ S. 88, Luganer See

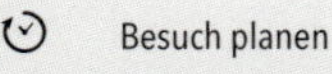

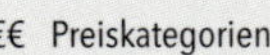

Besuch planen — Essen/Trinken

€-€€€ Preiskategorien — Shoppen

(*) Kostenpflichtige Telefonnummer — Ausgehen

(A2) Herausnehmbare Faltkarte
(0) Außerhalb des Faltkartenausschnitts

**BESSER PLANEN MEHR ERLEBEN!**

**Digitale Extras**
**go.marcopolo.de/app/ois**

# MARCO POLO

## DIGITALE EXTRAS

## DIGITAL NOCH MEHR ERLEBEN

Schneller in Urlaubslaune kommen.

Perfekt organisiert sein – vor, während und nach dem Urlaub.

Mit der MARCO POLO Touren-App und unseren digitalen Angeboten.

Noch mehr Trendziele, Inspiration und aktuelle Infos findest du auf **marcopolo.de**

Werde Teil unserer Reise-Community und folge uns auf **Instagram** und **Facebook!**

## SO EINFACH GEHT'S

1. Website besuchen
2. Die digitale Welt von MARCO POLO entdecken
3. App runterladen und ab in den Urlaub

Alle Infos zum digitalen Angebot unter **marcopolo.de/app**

# DAS BESTE ZUERST

Panoramaplatz: die Wallfahrtskirche Madonna del Sasso 150 m über Locarno

# BEST OF
## BEI REGEN

**SCHÖN, AUCH WENN ES REGNET**

### WOHLIGE WÄRME

Im 34 Grad warmen Thermalbecken und im Wellnessbereich des *Lidos von Locarno* fühlst du dich umso wohler, je heftiger es draußen schüttet.

➤ S. 46, Lago Maggiore

### PARADIES FÜR SCHNÄPPCHENJÄGER

Sagenhafte 160 Fabrikläden aus der Mode-, Sportartikel-, Textil- und Lederbranche locken im *Outletcenter Foxtown* in Mendrisio mit Preisnachlässen.

➤ S. 95, Luganer See

### EIN KINO, BEI DEM DAS AUGE MITISST

Der Stummfilm *Ticino Experience* lässt einem unweigerlich das Wasser im Mund zusammenlaufen: Während die Hauptdarsteller neue Köstlichkeiten aufspüren, genießt du die Delikatessen, die du zeitgleich auf der Leinwand siehst.

➤ S. 52, Lago Maggiore

### AUF DEN SPUREN DES ERFINDERS DER BATTERIE

Auf Alessandro Voltas Spuren lässt es sich in Como auch bei schlechtem Wetter bestens wandeln, denn die meisten Schauplätze, die an den Physiker erinnern, befinden sich im Trockenen.

➤ S. 102, Comer See

### PUPPEN UND SPIELZEUG

Hinter den dicken Mauern der *Rocca Borromeo* in Angera ist ein Puppen- und Spielzeugmuseum untergebracht, was den Besuch der Burg für Familien doppelt interessant macht (Foto).

➤ S. 67, Lago Maggiore

### GUT BESCHIRMT

Wenn das kein Schlechtwettertipp ist: Bis du im *Schirmmuseum* in Gignese die mehr als 1000 Einzelstücke und die alte Werkstatt besichtigt hast, scheint draußen bestimmt schon wieder die Sonne!

➤ S. 63, Lago Maggiore

# BEST OF

## LOW-BUDGET

## FÜR DEN KLEINEN GELDBEUTEL

### KOSTENLOSER BADESPASS

Die rundgeschliffenen Felsbrocken, die aus dem Wasser der Maggia ragen, sind ideal für einen Sprung in den kühlen Bergbach. Und anders als in vielen Strandbädern an den Seen ist der Zutritt zu sämtlichen *Badeplätzen an der Maggia* frei (Foto).

➤ S. 46, Lago Maggiore

### EIN MALERISCHES DORF – IM WÖRTLICHEN SINN

Zeitgenössische Künstler haben die Hausfassaden im Dorf *Arcumeggia* verziert. So wird dir gratis das Who's who der modernen italienischen Kunst vor Augen geführt.

➤ S. 68, Lago Maggiore

### KOSTENLOS UNTERWEGS IM TESSIN

Wer mindestens eine Nacht in einem Hotel, Hostel oder auf einem Campingplatz im Tessin übernachtet, erhält das ab Check-in gültige *Ticino Ticket*. Damit nutzt du die öffentlichen Verkehrsmittel umsonst und erhältst Vergünstigungen bei vielen Museen und Bergbahnen.

### FÜRSTLICH AM SEEUFER

Die klassizistische *Villa Olmo* aus dem 18. Jh., eher ein kleines Schlösschen, ist eines der Wahrzeichen Comos. Sie liegt direkt am Seeufer, der große Garten lädt zum Flanieren ein – und die Besichtigung ist kostenlos.

➤ S. 102, Comer See

### BESSER ALS DAS ORIGINAL

15 Euro kostet dich die Besichtigung von Leonardo da Vincis berühmtem Fresko „Das Abendmahl" in Mailand. In *Ponte Capriasca* bei Lugano findest du eine Kopie des Meisterwerks, die viele sogar eindrucksvoller finden als das Original. Der Zutritt ist gratis, spontan möglich und Warteschlangen gibt es auch keine!

➤ S. 84, Luganer See

# BEST OF MIT KINDERN

## SPANNENDES FÜR GROSS & KLEIN

### EIN BERG, DEN KINDER LIEBEN

Arche Noah, Schatzsuche, Spielspazierweg mit tollen Spielgeräten, Orientierungslauf und Reflexzonenpfad: Locarnos Hausberg *Cardada* macht riesigen Spaß.

➤ S. 47, Lago Maggiore

### ACH, SIND DIE SÜSS!

Im kleinen *Zoo* des Landschaftsgartens der Villa Pallavicino am Seeufer freuen sich Ziegen, Schafe, Rehe und Lamas auf Streicheleinheiten (Foto).

➤ S. 61, Lago Maggiore

### SPIELERISCH DEN SCHMUGGLERN AUF DER SPUR

Im *Museo Doganale Svizzero* in Cantine di Gandria tauchst du ein in abenteuerliche Geschichten vom Schmuggel mit Hilfe von bizarren Eigenkonstruktionen und übst dich per Computerspiel im Kampf gegen moderne Schmuggler und Fälscher.

➤ S. 86, Luganer See

### WENN KINDER PLÖTZLICH INS MUSEUM WOLLEN

In der *Schokoladenfabrik Alprose* in Caslano lockt eine süße Versuchung – ein Teil des Betriebs ist zu einem Schokoladenmuseum geworden.

➤ S. 85, Luganer See

### HOLLA, DIE FLUGSHOW!

In der *Falconeria Locarno* erlebst du Greifvögel aus einzigartiger Perspektive: Während der Show fliegen Falken, Adler und Eulen dicht über die Köpfe der Zuschauer hinweg.

➤ S. 46, Lago Maggiore

### WILDROMANTISCH UND EIN BISSCHEN GRUSELIG

Die enge Schlucht *Orrido di Bellano* grub der Fluss Pioverna in Jahrtausenden, der tosend durch die Engpässe braust. Das gewaltige Naturspektakel bewundert man auf Stegen, die an den Felswänden entlangführen.

➤ S. 118, Comer See

**SCHÖNE INSEL**
Die *Isola Bella* im Lago Maggiore macht ihrem Namen Ehre – und galt einst sogar als Weltwunder: Graf Carlo Borromeo III. ließ im 17. Jh. auf dem ursprünglich felsigen Eiland einen Palast und einen Park errichten, der an die hängenden Gärten von Babylon erinnern soll.
➤ S. 62, Lago Maggiore

**EIN GARTEN EDEN AM COMER SEE**
Gibt es ein irdisches Paradies? Nach dem Besuch des Parks der *Villa Carlotta* am Ufer des Lago di Como wirst du diese Frage bestimmt mit Ja beantworten! (Foto)
➤ S. 108, Comer See

**GLAUBENSBEKENNTNIS MIT PANORAMA**
Roms Antwort auf den aufkommenden Protestantismus gehört heute zum Unesco-Weltkulturerbe. Der Aufstieg auf dem Pilgerweg des *Sacro Monte von Varese* ist eindrucksvoll – und die Aussicht ist schlicht himmlisch.
➤ S. 65, Lago Maggiore

**SEIDENWEBEREI**
Die Seidenproduktion hat in Como eine lange Tradition. Während das historische Erbe im *Museo Didattico della Seta* aufbewahrt wird, verkaufen zahlreiche Geschäfte in der Altstadt edel glänzende Accessoires wie Seidenkrawatten und -schals.
➤ S. 103, Comer See

**BUON APPETITO!**
Man ist, was man isst – im Fall der italienischen Küche kann das nur bedeuten: mit sich und der Welt zufrieden. Ein gutes Beispiel dafür ist das Ristorante *Silvio* in Bellagio, das seit fünf Generationen von der Familie Ponzini geführt wird.
➤ S. 113, Comer See

# SO TICKEN DIE OBERITALIENISCHEN SEEN

Blumenpracht allüberall, selbst als Kopfschmuck: Karneval am Comer See

# ENTDECKE DIE OBERITALIENISCHEN SEEN

Auf der Spitze einer Halbinsel schiebt sich Morcote in den Luganer See

**Eine leichte Brise streicht über die Wasserfläche, wiegt sanft die Palmen am Seeufer, eine erschreckte Eidechse verschwindet zwischen warmen Mauersteinen. Strahlend blau leuchtet der Himmel, glasklar zeichnen sich die Umrisse der gerade noch schneebedeckten Alpengipfel gegen ihn ab. Grünes, rebenbestandenes Hügelland liegt vor ihnen im Sonnenlicht.**

## MILDES MIKROKLIMA UND SUBTROPISCHE VEGETATION

Alpine Frische und mediterrane Milde, Berghütten und aristokratische Villen: So entsteht eine unvergleichliche Stimmung, der sich kein Reisender entziehen kann. „Das geheimnisvolle Vorzimmer des Südens" nennt der 1940 geborene Tessiner Schriftsteller Alberto Nessi die Seenlandschaft am Ausgang der Alpen zwischen der Schweiz und Italien. Wie ist sie entstanden? Mit einem unglaubli-

**500 v. Chr.** Keltische Insubrer wandern von Norden ein

**300 v. Chr.** Die Römer beginnen mit der Eroberung der Alpenpässe

**6.–11. Jh.** Langobarden besiedeln das Gebiet der Oberitalienischen Seen. Die Franken zerstören das Langobardenreich

**12.–15. Jh.** Lega Lombarda schlägt den deutschen Kaiser Barbarossa. Adelsfamilien (Visconti, Sforza) erringen die Macht

**18./19. Jh.** Spanien, Frankreich und Österreich herrschen in Oberitalien. Ab 1848 kämpft die italienische Einigungsbewe-

chen Getöse. Vor 130 Mio. Jahren schob sich die afrikanische Kontinentalplatte an dieser Stelle teilweise gegen, teilweise über die europäische. Vulkanausbrüche kamen hinzu, die Erde faltete sich – und die Alpen waren geboren. Die Zeit verging, mehre Klimawechsel folgten, mal plätscherte das Meer bis an die Alpen, dann schoben sich Gletscher gen Süden, schufen Täler, Flüsse, Seen. Ihre wärmespeichernden Wassermassen erzeugen bei geschützter Lage ein Mikroklima, das subtropische Vegetation ermöglicht und Palmwedel neben Eichenlaub wachsen lässt.

Die vielen Burgen und Befestigungen zeugen von der strategischen Wichtigkeit der Region. Die Alpenpässe bildeten die Nähte, die das von der Ostsee bis nach Sizilien reichende deutsche Kaiserreich zusammenhielten. Die Kaiser kamen meist über den Lukmanier- oder den Splügenpass und stiegen dann auf dem Seeweg über den Lago Maggiore oder den Comer See zur Poebene hinab. Und über den Fluss Ticino, den Lago Maggiore und ein weit verzweigtes Kanalsystem, die Navigli, wurden Mailand und die größeren Orte der Ebene mit Holz und Baumaterialien versorgt. Den Marmor für den Mailänder Dom haben viele fleißige Hände vom Steinbruch in Candoglia beim Mergozzosee in die lombardische Metropole transportiert.

## WIEGE DES TOURISMUS

Die milden Winter und die warmen, aber nicht drückend heißen Sommer haben die Gegend schon früh zu einem beliebten Rückzugsgebiet der Mailänder Aristokratie gemacht. Die Adels- und Industriellenfamilien bauten an den Seeufern

gung („Risorgimento") für die Unabhängigkeit. 1861 entsteht das Königreich Italien

**1941–45** Italien im Zweiten Weltkrieg

**1946** Nach einem Volksentscheid wird Italien Republik

**1980** Die Eröffnung des Gotthard-Autobahntunnels verkürzt die Anreise erheblich

**2021** Seilbahnunglück am Mottarone mit 14 Toten

**2024** Wiedereröffnung der zweiten Röhre des Gotthard-Basistunnels nach dem Güterzugunfall im Sommer 2023

prächtige Villen mit üppigen Parkanlagen. Gleichzeitig entstanden die legendären Grandhotels. Der Lago Maggiore, der Luganer See und der Comer See erlebten ihre Blütezeit, als man mit Kutsche und Hutschachteln anreiste und die Damen mit Sonnenschirm im Rüschenkleid über die Seepromenade flanierten. Mitte des 18. bis Anfang des 20. Jhs. waren die Oberitalienischen Seen bevorzugte Reiseziele der Oberschicht.

## INSPIRATION FÜR KÜNSTLER UND SCHRIFTSTELLER

Ihnen folgten Künstler und Intellektuelle, die hier ihre Italiensehnsucht stillten – und die Seen in ganz Europa bekannt machten. Der Dadaist Hugo Ball sah im Tessin etwas Exotisches, „eine Art Neuguinea und Honolulu", der französische Schriftsteller Stendhal verglich den Lago Maggiore mit dem Golf von Neapel. Der Comer See brauchte gar nicht erst besungen zu werden: Dies hatte 1827 bereits der italienische Schriftsteller Alessandro Manzoni in seinem Roman „Die Brautleute" getan, dem vielleicht wichtigsten Roman der italienischen Literaturgeschichte. Ein Jahrhundert später entstand einige Kilometer westlich deutsche Weltliteratur: Auf ausgedehnten Spaziergängen über dem Luganer See holte sich der spätere Literaturnobelpreisträger Hermann Hesse ab 1919 die Inspiration für Werke wie „Siddhartha" und „Der Steppenwolf", die ihn zum meistgelesenen deutschsprachigen Autor machten.

Ab der Mitte des 20. Jhs. machte dann das Wirtschaftswunder die Seen zu einem gut erreichbaren Urlaubsparadies nicht mehr nur für Begüterte. Ascona war zeitweise derart in Mode, dass Opel ein Auto nach dem Ort am Lago Maggiore benannte. Der 1980 eröffnete Autobahntunnel durch den Gotthard leitete paradoxerweise die Kehrtwende ein: In derselben Zeit, in der man früher an die Seen gelangte, fuhr man nun ans Mittelmeer. Die Zahl der Übernachtungen in den Hotels der Region nahm kontinuierlich ab. Doch noch immer ist die Gegend wie für den Urlaub geschaffen.

## DOLCE VITA, SEEBLICK UND POLENTA

Im Straßencafé an der Uferpromenade, beim Spaziergang durch einen Park mit exotischen Pflanzen, beim Wandern durch Kastanienwälder oder beim Surfen mit dem Wind im Rücken fällt es einem leicht, den Alltag hinter sich zu lassen. Dieselbe Leichtigkeit des Seins spürst du auf einer Fahrt mit dem Linienschiff auf dem Lago Maggiore, mit der Centovallibahn durch das Tal der Hundert Täler oder beim Aufstieg auf einen Gipfel, wo sich dir im wörtlichen Sinn neue Horizonte eröffnen. Ein Glas Merlot, eine Portion Polenta mit Schmorbraten, das Plätschern der Wellen, dazu der Vollmond, der die imposante Bergkulisse deutlich aus der Dunkelheit hervortreten lässt: In einem solchen Moment solltest du zum Himmel hochschauen und prüfen, ob die Redensart stimmt: „Hier ist es so schön, dass die Sterne näher zusammenrücken, um einen Platz über dem Paradies zu ergattern."

# AUF EINEN BLICK

## 5000 v. Chr.

**Älteste bekannte Siedlung**

Pfahlbausiedlung aus der Jungsteinzeit Isolino Virginia (Lago di Varese)

## 2609 m

**Höchster Berg**

Monte Legnone südöstlich von Colico am Comer See

## 250 m

**Kürzester Fluss Italiens**

Fiumelatte bei Varenna am Comer See

**NIEDERSCHLAGSMENGE IN LOCARNO**

## 1897 mm

pro Jahr
München: 804 mm

**SONNENSTUNDEN AUF DER CARDADA**

## 2181

pro Jahr
Usedom: 1918

**SCHÖNSTER AUSSICHTSPUNKT**

## MONTE SIGHIGNOLA

1302 m über Luganer und Comer See

**BERÜHMTE PERSONEN**

Alessandro Volta (1745–1827, Physiker, Erfinder der Batterie); Plinius der Jüngere (Politiker und Schriftsteller, beschrieb den Vesuvausbruch im Jahr 79); Dario Fo (1926–2016, Literaturnobelpreisträger 1997)

## COMO

Größte Stadt mit 98.000 Einwohnern

**GRÖSSTE INSEL**

Isola Madre, Lago Maggiore (220 m lang, 330 m breit)

**TIEFSTER PUNKT IM COMER SEE**

414 m zwischen Argegno und Nesso (Bodensee: 251 m)

# DIE OBERITALIENISCHEN SEEN VERSTEHEN

## BOTTAS BAUTEN

Alles Botta oder was? Tatsächlich wirst du rund um die Seen häufig auf Bauwerke des Tessiner Stararchitekten Mario Botta treffen wie den Busbahnhof in Lugano oder das Casino von Campione d'Italia. In der von ihm gegründeten Architekturakademie in Mendrisio erhält Botta die Tradition der *maestri comacini* aufrecht. Diese Baumeister aus der Region Como haben seit dem Spätmittelalter in ganz Europa ihre Spuren hinterlassen: Die Fassade des Petersdoms in Rom ist ebenso ihr Werk wie zahlreiche Bauten in Sankt Petersburg, dessen Stadtbild sie entscheidend prägten. Bottas jüngstes architektonisches Highlight befindet sich auf dem Monte Generoso. Auf seinem Hausberg hat er das Aussichtsrestaurant *Fiore di Pietra* in Form einer steinernen Blüte eröffnet. Dort oben, wo du alle drei großen Seen im Blickfeld hast, setzt vielleicht auch du zu kreativen Höhenflügen an. Botta jedenfalls zieht seine Inspiration aus der Landschaft: „Die Seen als Horizontale, die steilen Bergwände als Vertikale, dazu das Licht: Die drei wichtigsten Komponenten der Architektur begleiten einen hier auf Schritt und Tritt."

## FILMKULISSE

Wenn spektakuläre Bilder gefragt sind, dann kommt halb Hollywood an die Oberitalienischen Seen. Zahlreiche Szenen von Ocean's Twelve oder Casino Royale wurden ebenso am Comer See gedreht wie einige Star-Wars-Episoden. Einen großen Auftritt haben die Filmstars jedes Jahr Anfang August, wenn auf der Piazza Grande in Locarno das traditionsreiche Filmfestival auf dem Programm steht. In der Nähe von Locarno wurde übrigens eine legendäre Filmszene gedreht: Pierce Brosnans Sprung von der 220 m hohen Verzasca-Staumauer im James-Bond-Film Golden Eye wurde zum besten Stunt der Filmgeschichte gekürt.

## DIE PFERDE VOM MONTE BISBINO

Sie heißen Stella, Penelope, Rubino oder Aladino – die Rede ist von den Wildpferden, die im Grenzgebiet zwischen Comer See und Luganer See leben. Für Schlagzeilen sorgten sie erstmals im schneereichen Winter 2009, als sie in den Dörfern Futter suchten. Als Jäger die Tiere schießen wollten, setzen sich zum Glück die Tierschützer durch. Seitdem werden die gut zwei Dutzend Wildpferde im Winter versorgt und betreut. Sie hatten ursprünglich einem Bergbauern gehört, der schon 2003 gestorben war. Er hatte seine Haflinger stets frei auf den Weiden des Monte Bisbino laufen lassen. Nach seinem Tod verwilderten die Pferde und zogen in der bergigen Wildnis umher. Bis ebenjener harte

Winter 2009 einbrach und die ausgehungerten Tiere in die Dörfer hinuntertrieb. Seitdem sind die *Cavalli del Bisbino* eine Attraktion. In der Regel findet man sie beim Abstieg vom Monte Generoso auf den Weiden oder in den Kiefernwäldern unter dem Baraghetto. Wo das ist? Die Website *cavallidelbisbino.com* gibt Auskunft.

## DER GEIST DER UTOPIE

Vegetarisches Essen, eine Lebensweise im Einklang mit der Natur, nachhaltige Produkte: Was heute fast schon Mainstream ist, war vor gut 100 Jahren pure Utopie. Gelebt wurde sie u. a. auf dem Monte Verità am Lago Maggiore. Um die vorletzte Jahrhundertwende machten Aussteiger, die der starren bürgerlichen Gesellschaft in Mitteleuropa den Rücken kehrten, den sonnigen Hügel oberhalb Asconas zum Hort gesellschaftlicher Utopien. Der „Wahrheitsberg" sollte die Keimzelle für eine bessere Welt werden und zog zahlreiche Denker, Dichter und Künstler an. Es entstand ein „Bermuda-Dreieck des Geistes", wie es der Kulturwissenschaftler Harald Szeemann nannte. Dessen Ausstellung „Brüste der Wahrheit" über den Monte Verità sorgte in den 1970er-Jahren in ganz Europa für Furore, weil sie dem damals aufkommenden Bedürfnis nach Alternativen eine historische Grundlage gab. Mittlerweile hat die legendäre Wanderausstellung auf dem Monte Verità ein Zuhause gefunden. Wenn du von dort auf den Lago Maggiore hinunterblickst, spürst du ihn vielleicht noch, den „Geist der Utopie", den der Philosoph Ernst Bloch 1918 in seinem gleichnamigen Jahrhundertwerk beschwor. Verfasst hat er es ... na, wo wohl? Natürlich am Lago Maggiore!

Der Name ist Programm: „Steinblume", Mario Bottas Restaurant auf dem Monte Generoso

Den Traum von der Villa am See hat sich George Clooney erfüllt: hier in Laglio am Comer See

## HART AN DER GRENZE

Lass dir am Morgen Zeit mit dem Frühstück. Denn wenn du während der Stoßzeiten zu einem Ausflug aufbrichst, läufst du Gefahr, einer Geduldsprobe unterzogen zu werden. Auf der Autobahn zwischen Como und Lugano und auf der schmalen Uferstraße zwischen Verbania und Locarno herrscht morgens lebhafter Verkehr. Mehr als 65 000 italienische *frontalieri* fahren täglich ins Tessin zur Arbeit: morgens hin, abends zurück. Sie profitieren von den höheren Löhnen, die sie im Tessin verdienen können. Die Tessiner wiederum überqueren die Grenze hauptsächlich in der Freizeit: Sei es, um in den italienischen Einkaufszentren günstig einzukaufen, sei es, weil die Restaurantpreise im Belpaese deutlich moderater sind.

## DER DUFT DES SÜDENS

Lange stank es in ganz Europa zum Himmel. Abhilfe schaffte gegen Ende des 17. Jhs. das „Aqua Mirabilis". Gian Paolo Feminis, der Erfinder dieses Duftwassers, stammte aus dem Vigezzotal im Hinterland des Lago Maggiore. Unter dem Namen Eau de Cologne und der kaufmännisch geschickten Hand von Giovanni Maria Farina – ebenfalls aus der Val Vigezzo stammend – erlangte das Parfum Weltruhm. Wenn du in den Genuss des Originalgeruchs kommen willst, dann solltest du im Frühjahr an die Oberitalienischen Seen reisen. Schließlich hatte Farina erklärt, sein Duftwasser erinnere ihn an „einen Frühlingsmorgen nach dem Regen, Orangen, Pampelmusen, Zitronen, Bergamotte, Zedrat, Limette und die Blüten und Kräuter meiner Heimat".

## KULT UMS „ABENDMAHL"

Im Bestseller und Film „Sakrileg" nimmt Dan Brown das berühmte Gemälde „Das letzte Abendmahl" unter die Lupe, das Leonardo da Vinci in der

Kirche Santa Maria delle Grazie in Mailand auf die Wand malte. Seitdem wird eifrig diskutiert, wer die Person links von Jesus ist: der Apostel Johannes – oder eine Frau? Wenn du mitreden willst, musst du nicht extra nach Mailand fahren. Es reicht, wenn du aufs Geratewohl ein paar Kirchen in der Region ansteuerst. Die Chance, dass du auf eine Kopie des „Cenacolo" stößt, ist groß. Allein im Tessin gibt es über 100 „Abendmahl"-Darstellungen, die dem Original von da Vinci verblüffend ähnlich sind, etwa in Ponte Capriasca, Novazzano oder Arosio. Oft ist dabei an der Seite von Jesus eindeutig ein feminines Antlitz auszumachen. Das beweist natürlich nichts – außer, dass die kirchliche Zensur in der Provinz offenbar weniger streng war als in der Bischofsstadt Mailand.

### SHOWTIME

„Lago Maggiore, von Zypressen umsäumt, hör den Ruf meiner Sehnsucht,

## KLISCHEE KISTE

### 2000 JAHRE SOMMERFRISCHE

George Clooney kann sich bei den Römern bedanken: Die errichteten die ersten Villen am Comer See, bauten an windgeschützten Ufern Wein an. Seit der Hollywoodstar 2002 die Villa Oleandra in Laglio erwarb, kennt er das Geheimnis des Glücks. Das ist am Comer See als Dolce Vita tradiertes Kulturgut. Nur die Einheimischen geraten angesichts des perfekten Zusammenspiels aus klarem Licht, milder Luft, Fjordlandschaft und üppiger Vegetation nicht in Verzückung und bleiben auch bei hohem Touristenandrang entspannt.

### (GANZ) SCHÖN AUS DER MODE

Exotisch und dabei geografisch noch in der Komfortzone. Mit ihrem milden Klima, den schneebedeckten Gipfeln überm See und Frühling, wenn nördlich der Alpen noch Winter herrscht, waren die *laghi* ein Lieblingsziel der Generation Wirtschaftswunder – so sehr, dass Opel sogar ein Modell „Ascona" benannte. Heute kommen die Touristen in Bussen und bewundern den verblichenen Glamour der Belle-Époque-Villen. Die *laghi* sind ein wenig aus der Mode? Ein Grund mehr, jetzt hinzufahren! Ob Seilbahn zum Gipfel oder Wandern in der Wildnis und alpine Kletterpartien: Die Seen können zahm bis wild.

der Sehnsucht, die mein Herz erträumt ...", sang Vico Torriani in den 1950er-Jahren und begründete damit den Ruf des Lago Maggiore als Urlaubsziel. So verblasst der Ruhm von Torriani, so groß ist heute die Auswahl an anderen Sehnsuchtsorten auf der ganzen Welt. Das „leise Flüstern der Wellen" allein reicht längst nicht mehr als Lockruf. An den Oberitalienischen Seen haben die Städte daher reagiert. In Verbania öffnete 2016 das Eventzentrum Il Maggiore seine Pforten, das ein vielfältiges Kunst- und Kulturprogramm bietet. Locarno mit dem Palazzo del Cinema und Lugano mit dem Kunst- und Kulturzentrum LAC haben nachgelegt und ebenfalls ins Unterhaltungsangebot investiert. Jetzt fehlt nur noch ein moderner Barde, der diese Attraktionen wie einst Torriani in einen Ohrwurm verwandelt ... Clueso, bitte übernehmen!

## MONUMENTS MEN

Wer ist die größte Persönlichkeit in der Region? Wenn man die Höhe des Denkmals als Maßstab nimmt, ist die Antwort klar: Carlo Borromeo (1538–1584). In seinem Geburtsort Arona am Lago Maggiore erinnert seit 1697 eine (mit Sockel) 32 m hohe Statue an den Erzbischof von Mailand, der dafür sorgte, dass die Reformation nicht auf die Alpensüdseite überschwappte und Italien stramm katholisch blieb. Der *Sancarlone* genannte Koloss übertrifft den *Faro Voltiano,* den Leuchtturm, den die Stadt Como zu Ehren des Physikers Alessandro Volta (1745–1827) erbaute, um 3 m. Mit 2,80 m Höhe geradezu bescheiden nimmt sich im Vergleich dazu die Bronzestatue aus, die in Lecco an den Schriftsteller Alessandro Manzoni (1785–1873) erinnert, den Verfasser des italienischen Nationalepos „Die Brautleute" *(I Promessi Sposi).* Wie solche Denkmäler entstanden, erfährst du im Schweizer Grenzdorf Ligornetto: Dort befindet sich das ehemalige Atelier des Bildhauers Vincenzo Vela (1820–1891), das in ein Museum umgewandelt worden ist. Vela schuf Denkmäler, die in Italien und Frankreich noch heute manch einen Platz schmücken. Für viele ist er denn auch der bedeutendste Künstler, den die Region hervorgebracht hat.

## KÖNIGIN KAMELIE

Vom Alpenkranz gegen nördliche Strömungen geschützt und von den großen Wasserflächen der Seen temperiert, hat sich an den Oberitalienischen Seen ein teilweise subtropisches Klima gebildet, das dieses Gebiet zu einem Stück Süden im Norden macht. So ist mit Palmen und Oleander, immergrünen Steineichen und Olivenbäumen, alten Villen und prächtigen Parks eine wunderschöne Gartenlandschaft entstanden, die allerdings im Tessin von Ferienhäusern und Betonbungalows bedroht ist und auf der italienischen Seite vom unkontrollierten Wachstum der Städte. Die Flora hat sich vor allem an den sonnigen Westufern des Lago Maggiore und des Comer Sees im Lauf der Jahrhunderte verändert: Mit den ersten wohlhabenden Adelsfamilien, die hier Villen errichteten, kamen neue Pflanzen in Mode, zum Beispiel Pal-

Early Adopter in Sachen edle Stoffe: Schon seit dem 16. Jh. ist Como die Stadt der Seide

men oder Zitronen. Große Blumenzuchtbetriebe (vor allem Azaleen, Kamelien und Rhododendren) haben sich heute hier angesiedelt. Mit Kamelienfesten wird in vielen Gemeinden Ende März der Frühling begrüßt. Die Kamelie ist das blumige Wahrzeichen des Lago Maggiore.

## LEGA

Vares, Comm, Lecch: Auf den meisten Ortsschildern in der Lombardei stehen Dialektausdrücke. Diese identitätsstiftende Maßnahme geht auf die Lega Nord zurück, die in den Provinzen Varese, Como und Lecco tonangebend ist. Die 1989 gegründete Protestpartei fordert im Rahmen des Föderalismus mehr Kompetenzen von Rom. Zeitweilig plädierte sie gar für eine Abspaltung des reichen Nordens vom Rest Italiens. Von Legavertretern auf beiden Seiten der Grenze hört man mitunter den Ruf nach der Schaffung eines eigenständigen Staats, der etwa das Gebiet der Oberitalienischen Seen umfassen würde.

## MODE AUS MAILAND, SEIDE AUS COMO

Armani, Versace, Gucci, Dolce & Gabbana: Italienische Modeschöpfer genießen Weltruhm. Während die Mailänder Mode in den 1970er-Jahren stilbildend wurde, reichen die Wurzeln der Textilindustrie viel weiter zurück. Begünstigt wurde deren Entstehen nicht zuletzt durch die Wasserkraft der Flüsse, die von den Alpen Richtung Poebene strömen. Im Gebiet der Oberitalienischen Seen wurden im 18. Jh. Maulbeerbäume für die Seidenraupenzucht gepflanzt. In Como wird in großen Manufakturen bis heute Seide verarbeitet – inzwischen aus importiertem Rohmaterial.

# ESSEN SHOPPEN SPORT

Dolce Vita für Einsteiger: in Varenna im Ufercafé sitzen und auf den See schauen

# ESSEN & TRINKEN

**So vielfältig wie die Landschaft ist auch das Essen. Fische aus den Seen, Wild, Würste und Käse aus den Bergen sowie Reis, Polenta und Teigwaren aus der Poebene lassen die Region wie ein Schlaraffenland erscheinen. Lokale Weine wie Nebbiolo und Merlot krönen das üppige Menü.**

## POLENTA, PASTA & RISOTTO

Müsste man ein für die südlichen Voralpen typisches Gericht auswählen, wäre dies sicherlich die Polenta. Eine herzhafte Polenta darf man sich auf gar keinen Fall entgehen lassen, denn sie ist weit mehr, als die profane deutsche Bezeichnung Maisgrießbrei vermuten lässt. Selbst Gourmetköche servieren Polentakreationen. Im Pastaland Italien gibt es natürlich auch überall Teigwaren. Kaum ein Restaurant, das auf sich hält, verzichtet auf handgemachte Ravioli, Agnolotti oder Tortellini. Ein Klassiker ist auch der Risotto mit seinen vielfältigen Varianten. Schließlich grenzt das Seengebiet direkt an die großen Felder des Piemonts und der Lombardei – das größte Reisanbaugebiet Europas mit seinen Edelsorten Arborio, Vialone und Carnaroli. In den Berggebieten gab es Risotto lange Zeit nur an Festtagen. Daran erinnern im Tessin heute noch die *risottate* während der Karnevalszeit, wenn auf der Hauptpiazza in großen Kesseln Risotto gekocht wird.

## STACHLIGE ALLESKÖNNERIN

In den kargen Tälern des Tessins und Norditaliens war im Winter oft Schmalhans Küchenmeister. Zur Hungerstillerin par excellence avancierte die Kastanie, die nach der Ernte getrocknet und zu Teigwaren, Brot und Kuchen verarbeitet wurde. „Im Herbst gab es Kastanien, die aßen wir drei Monate lang, früh, mittags und

Namenswirrwarr: Felchen, Renke, Maräne – steht *lavarello* auf der Karte, schlag zu! (re.)

abends", schreibt der 1979 gestorbene Tessiner Schriftsteller Plinio Martini im Roman „Nicht Anfang und nicht Ende". Mit zunehmendem Wohlstand in der Nachkriegszeit verlor die stachlige Frucht an Bedeutung und wurde als das „Brot der Armen" verschmäht. In jüngster Zeit hat sie aber eine Renaissance erfahren, nicht zuletzt deswegen, weil sie kulinarisch vielseitig verwendbar ist. Selbst Spitzenköche integrieren die Kastanie mittlerweile in ihre Menüs.

## SCHÄTZE AUS DEM WALD

Eine weitere Delikatesse aus den Wäldern sind die Kräuter und Steinpilze *(porcini),* die sowohl im Risotto als auch mit Teigwaren ein Hochgenuss sind. Ein anderes Relikt aus der *cucina povera,* der „armen Küche", ist die Gemüsesuppe Minestrone – ursprünglich nichts anderes als eine Verwertung von Gemüseresten.

## FRISCHER FISCH AUS BÄCHEN UND SEEN

Die Bevölkerung an den Seen wiederum ernährte sich während Jahrhunderten vorwiegend von dem, was der *lago* hergab. Heute ist die berufliche Fischerei fast völlig verschwunden (am Lago Maggiore sind noch knapp zwei Dutzend hauptberufliche Fischer tätig), weshalb man dem Prädikat „Frisch vom See" zuweilen misstrauen darf. Doch noch immer tummelt sich in den Gewässern und auf den Speisekarten Fisch in großer Zahl. Dazu gehören *trota* (Bachforelle), *lavarello* bzw. *coregone* (Felchen, Maränen), *persico* (Flussbarsch), *alborella* (Ukelei) oder der leider selten gewordene *salmerino* (Saibling).

Fester Bestandteil eines jeden Menüs ist *il dolce,* das Dessert. Klassiker sind *tiramisù, panna cotta* (eine Art Sahnepudding), *crostata* (Mürbeteigkuchen mit Marmelade) und natürlich *gelato*

Ossobuco: Die stundenlang geschmorte Kalbshaxe ist lombardisches Comfort Food

(Eis). Probieren sollte man auch den Brotkuchen *torta di pane,* eines der feinsten Gerichte aus Resten, das die Phantasie armer Leute je erfunden hat! Nach dem Dessert gönnt man sich meist noch einen *caffè* (Espresso, mit einem Klecks Milch heißt er *macchiato*). Er ist das Signal zum Aufbruch und eines der letzten Rituale, das noch penibel gepflegt wird.

## EINMALEINS DES RESTAURANTBESUCHS

Die in Italien typische Speisenfolge – *antipasto* (Vorspeise), *primo* (erster Gang: Pasta, Reis oder Suppe), *secondo* (Fleisch oder Fisch) mit *contorno* (Kartoffel-, Gemüse- oder Salatbeilage) und *dolce* (Nachspeise) – wird auch von Einheimischen flexibel gehandhabt. Man darf also ruhig einen oder mehrere Gänge überspringen. Als *piatto unico* ohne die klassische Unterteilung in *primo* und *secondo* werden meist Polenta (z. B. zusammen mit Ragout oder Käse) und natürlich die allseits beliebte Pizza serviert, zu der Italiener übrigens fast immer Bier und nicht Wein trinken. In Restaurants werden *pane e coperto,* Brot und Gedeck, unabhängig vom Verzehr als gesonderter Posten in Rechnung gestellt. Der Betrag, der meist um 2 Euro pro Person beträgt, aber auch höher ausfallen kann, ist immer auf der Karte ausgewiesen. Italiener bezahlen meist an der Kasse am Tresen oder in der Nähe des Eingangs und verlangen die Rechnung nicht am Tisch. Das vereinfacht auch das Bezahlen mit Karte.

## VON NEBBIOLO UND MERLOT

Aus dem Piemont stammen der verbreitete Barbera, der fruchtigere Dolcetto oder der so berühmte wie teure Barolo. Letzteren kann man gut durch einen Ghemme oder Gattinara ersetzen, ebenfalls aus roten Nebbiolotrauben. Die Reben reifen keine 30 km vom Ufer des Lago Maggiore entfernt. Jüngst wurden im Ossolatal die alten, mit Trockenmauern terrassierten Weingärten wiederbelebt, wo an Pergolen u. a. die autochthone Rebsorte Prünent reift. Auch die lombardischen Anbaugebiete Veltlin, Oltrepò Pavese oder Franciacorta erfreuen sich großer Beliebtheit und ebenso die Tropfen der Tessiner Winzer. Aus den Merlottrauben, die mitunter direkt an den Hängen um die Seen reifen, keltern sie teils exzellente Weine. Der Merlot passt ideal zu Minestrone, gegrilltem Fleisch und kräftigen Hauptgerichten ganz allgemein.

INSIDER-TIPP
**Edle Tropfen in rauem Bergklima**

# Unsere Empfehlung heute

## Antipasti

**COREGONE IN CARPIONE**
Felchen in Essigmarinade

**BRESAOLA, SALUMI E FORMAGGI OSSOLANI**
Trockenfleisch, Wurst und Käse aus dem Ossolatal

**TARTARE DI TROTA CON CROSTICINI**
Forellentatar mit Croûtons

**MISSOLTINI ALLA LARIANA**
Getrocknete Fische nach Art vom Comer See

## Primi Piatti

**GNOCCHI BURRO E SALVIA**
Aus Kartoffeln und Mehl geformte Klößchen mit Salbeibutter

**RISOTTO AI FUNGHI PORCINI**
Steinpilzrisotto

**RAVIOLI CON ROBIOLA E BASILICO**
Teigtaschen mit Frischkäse und Basilikum

**PAPPARDELLE AL RAGÙ DI CONIGLIO**
Bandnudeln mit Kaninchenragout

## Secondi

**TROTA AL ROSMARINO**
Forelle mit Rosmarin

**LAVARELLI AL VINO BIANCO**
Felchen in Weißweinsauce

**BUSECCA**
Kuttelsuppe

**CAPRETTO AL FORNO**
Zicklein im Ofen

**OSSOBUCO**
Geschmorte Kalbshaxe

**CAZOEULA**
Lombardischer Eintopf mit Schweinefleisch und Wirsing

## Dolci

**MIASCIA**
Brotkuchen vom Comer See mit Äpfeln, Birnen und Trauben

**TORTA ALLE CASTAGNE**
Maronenkuchen

**SORBETTO DEL GIORNO**
Sorbet des Tages

# SHOPPEN & STÖBERN

## FEINE KOST

Lass dich in den Delikatessenläden entführen in die Welt der eingelegten Pilze, hausgemachten Pastasaucen und kalt gepressten Olivenöle. Am Comer See werden schon seit der Antike Oliven angebaut. In Lenno am Westufer kaufst du in der Ölmühle von *Vanini Osvaldo* direkt beim Erzeuger. Unter den Süßigkeiten sind vor allem die *amaretti,* kleine, süße Mandelkekse, und die hausgemachten Hefekuchen, die Panettoni, hervorzuheben.

INSIDER-TIPP
**Nördlichster Olivenhain Europas**

## AN DER QUELLE KAUFEN

Die Fabriken der Haushaltswarenhersteller am Ortasee sind längst nach Asien gezogen, die Fabrikgeschäfte sind zum Glück geblieben. *Alessi,* der Küchenartikelhersteller mit der Vorliebe für exzentrische Designer, gibt in Crusinallo bei Omegna 30 bis 50 Prozent Rabattauf seine Produkte. Achtung: Der Ansturm ist groß! Als Schutz vor Regen und Windböen, wie sie vom Mottarone herunterstreichen, sind die leichten und warmen Regenmäntel und Daunenjacken von *Herno* die perfekte Antwort auf Wetterkapriolen. Der Fabrikladen liegt an der Lago-Maggiore-Uferstraße in Lesa. Mehr als 3000 Brillen zu Fabrikpreisen gibt es bei *Emporio Occhiali* in Gravellona Toce. Im Tessin kannst du in Mendrisio im Outletcenter *Foxtown* bei 160 Anbietern shoppen. Südlich des Comer Sees warten im Ort *Vertemate con Minoprio* Outlets von *Armani, Levis Dockers* und *Diesel.*

## STILVOLL WOHNEN

Die Möbelbauer von Cantù in der Brianza fertigen Stilmöbel mit Intarsien, Schnitzereien oder edlen Polstern, die in Villen und Schlösser passen. Noch widersetzen sie sich störrisch (und er-

Spielzeug-Ufos? Curlingsteine? Handtuchhaken? Nö: Butterdosen von Alessi! (re.)

folgreich) dem Gebot des Minimalismus, wie ihr Showroom *La Permanente Mobili Cantù* beweist.

## GLÄNZEND, ELASTISCH, KNITTERARM

Die Region um den Comer See entwickelte sich seit dem 16. Jh. zum wichtigsten europäischen Zentrum für die Seidenproduktion. Heute werden vier Fünftel der in Europa gewonnenen Seide hier verarbeitet. Für die Seidenraupen wurden in den vergangenen Jahrhunderten große Maulbeerbaumkulturen in der Brianza südlich von Como angelegt. Seit in den 1920er-Jahren preisgünstige Chinaseide auf den europäischen Markt drängte, begann man, sich auf das Färben, Bedrucken und die Seidenverarbeitung zu spezialisieren. Gute Seidengeschäfte sind z. B. *A. Picci, Inseta, Seterie Trombetta* in Como oder das Outlet des Seidenfabrikanten *Mantero* in Grandate.

## FEINE TROPFEN

Im Tessin wird auf 85 Prozent der Rebhänge Merlot angebaut. Das *Casa del Vino Ticino* in Morbio im Mendrisiotto zeigt mit über 200 Etiketten die ganze Weinvielfalt des Tessins. Über den Weinbau in den Provinzen des nördlichen Piemont, vor allem Nebbiolo, informiert das *Consorzio Tutela Nebbioli Alto Piemonte (consnebbiolialtop.it)*. Zu kaufen sind sie z. B. bei *Allafonte* in Verbania-Fondotoce beim Bahnhof und natürlich in den Weinläden *(enoteche)* der Orte.

## EINE LANGE NASE DREHEN

Was macht Pinocchio, der toskanische Holzbengel, am Lago Maggiore? Die langnasigen Holzpuppen mit rotem Hut in allen möglichen Größen kommen aus der kleinen Valle Strona oberhalb des Ortasees, wo sich die Handwerker auf Holzarbeiten spezialisiert haben.

# SPORT

**Das Gebiet der Oberitalienischen Seen bietet allen, denen der Sinn nach mehr als einem Spaziergang auf der Uferpromenade steht, eine Fülle an Möglichkeiten, sich zu verausgaben.**

Ob du dabei auf dem Surfbrett über den Comer See zischst oder die gemütliche Kammwanderung mit grandiosem Seeblick vorziehst: Gemeinsam ist allen Aktivitäten, dass du sie hier in spektakulärer Landschaft ausübst.

## WANDERN

Das Umfeld aller drei Seen ist ein herrliches Terrain für große und kleine Wandertouren: auf alten Saumwegen, in Hochtälern, Schluchten, durch Kastanienhaine, die Seen immer im Blick, oder in Flusstälern mit herrlichen Badestellen. Am Westufer des Comer Sees führt die *Via dei Monti Lariani* von Cernobbio nach Sorico (130 km), auf dem *Dorsale del Triangolo Lariano* gelangt man in zwei Tagen von Como nach Bellagio. Am Westufer des Lago Maggiore geht man auf der *Strada Alta del Verbano* von Ghiffa nach Cannobio. Gut gekennzeichnet ist auch die *Via Verde Varesina,* die von Porto Ceresio am Luganer See über alle Gipfel des Varesotto nach Maccagno am Lago Maggiore führt.

## KLETTERN

Von Klettergarten bis Bigwall, Granit, Gneis oder Kalk: Auf Felskletterer warten praktisch unbegrenzte Möglichkeiten, an den nach Süden ausgerichteten Wänden auch im Winter. Für seine sonnigen Platten mit über 200 Routen ist *Ponte Brolla* berühmt. Hoch hinaus: Kenntnisse der Bigwall-Technik brauchst du für die *Parete di Larecchia* über Bosco Gurin und für die prestigeträchtige *Poncione d'Alnasca* in der Val Verzasca. Am *Mottarone* bei Stresa locken über 100 gut abgesi-

Sie haben den Überblick: Wanderer hoch über dem Lago Maggiore ...

cherte Routen. Kletterspots am Comer See finden sich bei *Mezzegra* und *Menaggio* am Westufer und vor allem um Lecco am Lago di Annone in *Valle dell'Oro* und *Civate*. Ein legendärer Boulderspot ist das *Val di Mello* nordöstlich vom Comer See.

## RADFAHREN & MOUNTAINBIKING

Sportliches Radfahren auf schnittigen Rennrädern ist bei Jung und Alt beliebt, auch auf den stark befahrenen Straßen entlang der Seeufer. Im Hinterland der Seen finden sich neben Radwegen für gemächliche Tourenfahrer schöne Routen für Mountainbiker in allen Schwierigkeitsgraden. Die Tourismusbüros der meisten Gemeinden haben Tourenvorschläge zusammengestellt. Ein ideales Gebiet zum Radfahren ist der ebene Parco del Ticino im Süden des Lago Maggiore (*amiciparcoticino.it,* Karten unter dem Reiter „itinerari"). Der *Bikepark (mottarone.it)* am Mottarone ist bei Mountainbikern beliebt. Vom Lago Maggiore kommt man per Rad entlang des Flusses Toce bis hinauf nach Formazza.

Am Comer See organisiert *Bike it Bellagio (bikeitbellagio.com)* Touren und verleiht Räder sowie Ausrüstung. Mit einer Gesamtlänge von 300 km weist die Umgebung von Lugano das dichteste Netz an Mountainbiketrails der Schweiz auf. Die Höhenroute (120 km, 440 Höhenmeter) führt in vier Etappen von Lugano über den Monte Brè, den Monte Bar und den Monte Tamaro nach Ponte Tresa.

Fahrradverleihe haben längst E-Bikes im Programm, eine solide Alternative für weniger Trainierte. Über ein weit verzweigtes Mietstellennetz verfügt der *E-Bike-Park (e-bike-park.ch)* im Tessin.

## REITEN

Es gibt zahlreiche Reitställe, die für Anfänger wie Könner Kurse und Ausritte organisieren. Allein in der Provinz Como finden sich mehr als 30 Reitställe. Auskunft über Reitställe erteilt die Touristeninformation in Como bzw. Varese.

## SCHWIMMEN

Von Ende Mai bis Oktober laden die Seen zum Baden an grasbewachsenen Ufern, in kleinen Buchten und an Kiesstränden. Viele Uferabschnitte sind allerdings verbaut, sodass ein Zugang zum See nicht überall möglich ist. Cannobio, Cannero Riviera und Verbania-Fondotoce am Lago Maggiore tragen die Blaue Flagge für Sauberkeit. Am Comer See liegen schöne Strände in Sorico am äußersten nördlichen Ende des Sees (Sandstrand), in Colico (Strandbad), zwischen Onno und Vassena, am Laghetto di Piona, in Bellagio, Rezzonico und Abbadia Lariana. Der Ortasee mit den schönen Badestellen Spiaggia Lagna, Cappella und Spiaggia Boschina und der motorbootfreie Mergozzosee haben besonders sauberes Badewasser. Herrliche Flussbadestellen gibt es in der Val Verzasca, der Valle Maggia und im Cannobinatal. Über die Badewasserqualität informieren aktuell *ticino.ch*, in Piemont ARPA Piemonte *(short.travel/ois3)* sowie für ganz Italien eine Website des Gesundheitsministeriums *(short.travel/ois4)*.

## WIND- & KITESURFEN, SEGELN & SUP

Hervorragende Windverhältnisse für Segler, Windsurfer und Kiter herrschen vor allem am Comer See. Ihr Treffpunkt ist *Domaso (windsurf-comersee.com)* ganz im Norden des Sees. Beliebt sind auch *Gera Lario (Tabo*

... er aber auch: Paraglider über dem Maggiadelta

*Surf | tabosurf.com)* oder *Colico (Jordan'Surf | kitezoo.it; Globe Kiter | globekiter.net)*. Geeignete Surfspots am Lago Maggiore sind Cannobio, Maccagno, Pino und Tronzano. Segelschulen gibt es u.a. in *Cerro (Centro Vela | centrovela.it)* bei Laveno.

INSIDER-TIPP
**Wellenlos glücklich**

Die generell ruhigere Wasseroberfläche des Lago Maggiore lädt zum Stand-up-Paddling ein, z.B. in Ascona, Cannobio oder Lesa.

## CANYONING

Im Sommer sind die kristallklaren Bergflüsse ideales Terrain für Canyoning. Touren organisiert im Tessin *Swiss Challenge (ticinoadventures.com)*, auf italienischer Seite *Lago Maggiore Canyoning (lagomaggiorecanyoning.it)* und am Comer See ist *Canyoning Val Bodengo (canyoningvalbodengo.com)* in Gordona eine gute Anlaufstelle.

## ANGELN

Angelscheine sind in Italien Sache der Regionen. Man zahlt für die *licenza di pesca* im Piemont 14 Euro (*licenza D*, drei Monate gültig), in der Lombardei 23 Euro (*licenza B*, zwölf Monate). Eventuell kommt noch ein lokaler Angelschein hinzu. Im Tessin benötigst du einen Angelschein, das Angeln in Bergseen ist besonders reglementiert (Infos im Rathaus oder bei der Touristeninformation).

## GOLF

An den Seen erstrecken sich Dutzende Golfanlagen. Eine kleine Auswahl: *Golf Gerre Losone (golflosone.ch)* liegt am Fluss Melezza. Einer der ältesten Golfclubs Europas ist der *Menaggio & Cadenabbia Golf Club (menaggio.it)* in traumhafter Lage am Comer See. 15 Autominuten von Lugano direkt am See in Magliaso liegt der Platz des *Golfclubs Lugano (golflugano.ch)*. Bequem zu erreichen ist am Lago di Mergozzo der *Golf & Sporting Club Verbania (golfcontinentalverbania.it)* an der SS 34 in Verbania-Fondotoce.

## PARAGLIDING (PARAPENDIO)

Gleitschirme sieht man häufig am Himmel über den Seen und dank Tandemflügen können auch Ungeübte sicher durchs Blau gleiten. Am Lago Maggiore gibt es Paragliding-Clubs in *Laveno, Stresa* und *Baveno*. Im Tessin organisiert *Fly Ticino (flyticino.ch)* Flüge. Am Comer See hebst du vom *Monte Cornizzolo* in der Brianza ab.

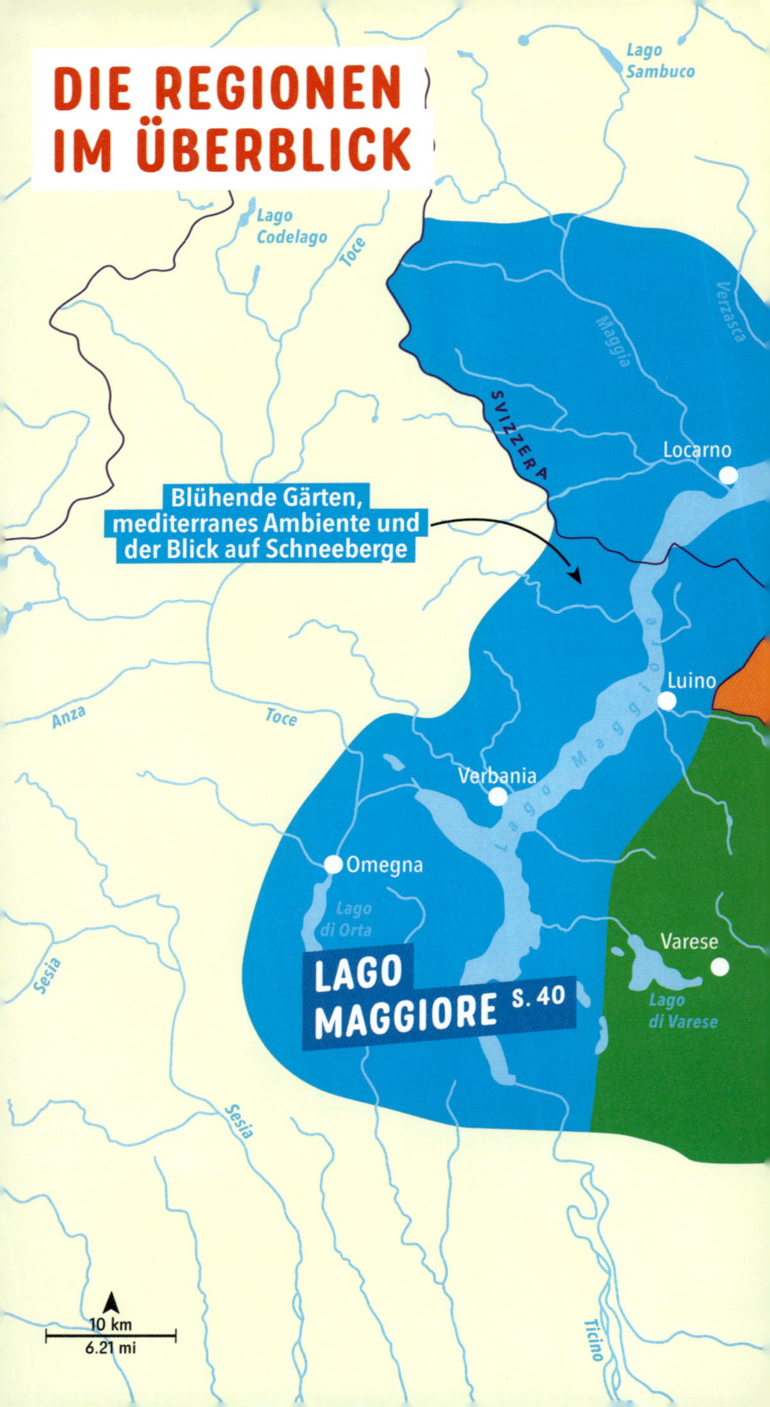

DIE REGIONEN
IM ÜBERBLICK
Lago Sambuco
Lago Codelago
Toce
Verzasca
Maggia
SVIZZERA
Locarno
Blühende Gärten, mediterranes Ambiente und der Blick auf Schneeberge
Luino
Anza
Toce
Lago Maggiore
Verbania
Omegna
Lago di Orta
Varese
LAGO MAGGIORE S. 40
Lago di Varese
Sesia
Sesia
10 km
6.21 mi
Ticino

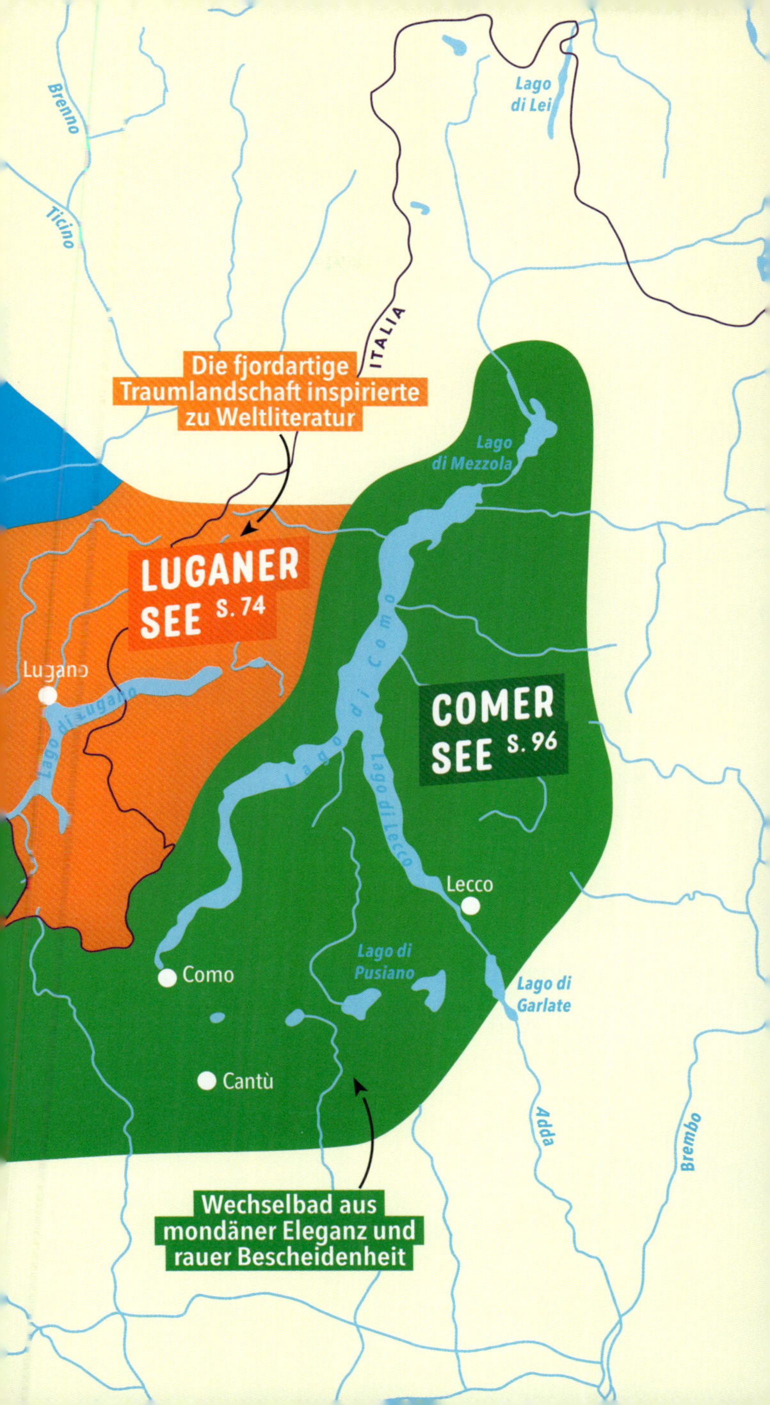

Brenno
Ticino
Lago
di Lei
ITALIA
Die fjordartige
Traumlandschaft inspirierte
zu Weltliteratur
LUGANER
SEE S. 74
Lugano
Lago di Lugano
Lago
di Mezzola
Lago di Como
Lago di Lecco
COMER
SEE S. 96
Lecco
Como
Lago di
Pusiano
Lago di
Garlate
Cantù
Adda
Brembo
Wechselbad aus
mondäner Eleganz und
rauer Bescheidenheit

# LAGO MAGGIORE

## DIE GLITZERNDE VERHEISSUNG DES SÜDENS

Wer den Lago Maggiore, mit der Bahn oder im Auto über die Alpen kommend, erstmals zu Gesicht bekommt, merkt sofort: Hier beginnt der Süden, das Mittelmeer kann, obwohl die Berge mit dem ewigen Schnee noch im Blick sind, nicht mehr weit sein. Im Winter, wenn eisige Kälte die umliegenden Berge umfängt, hält der 66 km lange See ein paar geschützte Winkel bereit, in denen man sogar im Januar schon am Frühling schnuppern kann.

Sie macht ihrem Namen Ehre: die „schöne Insel" Isola Bella vor Stresa

Entlang der Seestraße, vor allem am Westufer von Ascona über Pallanza bis nach Arona, verstecken sich hinter hohen Mauern prachtvolle Villen, umgeben von herrlichen Gärten. Anfang des 19. Jhs. wurde der See zur bevorzugten Destination für adlige Familien und Künstler. Wohlhabende Mailänder bauten sich im subtropischen Klima prunkvolle Villen mit botanischen Anlagen, in denen sie im Stil der Belle Époque Natur und Kunst vereinten. Aus jener Zeit stammt der am Lago Maggiore auffallend präsente *stile liberty*, der Jugendstil.

# LAGO MAGGIORE

## MARCO POLO HIGHLIGHTS

★ **UFERPROMENADE ASCONA**
Sehen, gesehen werden und genießen an der Uferzeile des Weltdorfs Ascona ➤ S. 50

★ **ROCCA BORROMEO DI ANGERA**
Sagenhafter Blick von der wuchtigen Burg über dem Städtchen Angera ➤ S. 67

★ **SACRO MONTE DI VARESE**
Hier gehts hoch zum Seele-baumeln-Lassen – Pilgern für jeden Tag und jedermann ➤ S. 65

★ **BORROMÄISCHE INSELN**
Drei Trauminseln im See vor Stresa ➤ S. 62

★ **SANTA CATERINA DEL SASSO**
Wie ein Schwalbennest klebt die Klosterkirche am Felsen und garantiert wundervolle Ausblicke auf den See ➤ S. 68

★ **VERZASCATAL**
Genuss und Abenteuer: Gastfreundlichkeit in romantischen Bergdörfern und die faszinierende Unterwasserwelt des Flusses ➤ S. 49

★ **MOTTARONE**
Aussichtsberg mit Alpengarten und Ganzjahres-Rodelbahn ➤ S. 63

★ **GÄRTEN DER VILLA TARANTO IN PALLANZA**
Blütenzauber in einem subtropischen Park ➤ S. 56

★ **PIAZZA GRANDE IN LOCARNO**
Lass dir das einmalige Ambiente beim sommerlichen Open-Air-Kino nicht entgehen! ➤ S. 44

★ **ORTASEE**
Magischer Ort mit heiligem Berg ➤ S. 63

Giumaglio
Moleno
6 Verzascatal (Val Verzasca)
5 Maggiatal (Valle Maggia)
Lumino
Vogorno
Avegno
Loco
Cardada 1
Verscio 2
Bellinzona S. 72
Locarno S. 44
Gordola
Centovalli 3
Ascona S. 50
Piazza Grande
Gudo
Ticino
Sant'Antonio
33 Bolle di Magadino
Ronco sopra Ascona 8
Uferpromenade
Brissago-Inseln (Isole di Brissago) 7
Parco Botanico del Gambarogno 34
9 Brissago
Gambarogno S. 71
35 km, 1 Std.
Isone
San Bartolomeo
Indemini 35
20 km, 20 Min.
Valcolla
Orrido di Sant'Anna 11
10
Curiglia
Torricella-Taverne
Sonvico
Cannobio
31 Maccagno
SCHWEIZ/SUISSE/ SVIZZERA/SVIZRA
Albogasio
16 Cannero Riviera
Aranno
Gandria
Luino
Lugano
Lago di Lugano
Bedero Valtravaglia
TICINO
Pellio Inferiore
Lago Maggiore
Arogno
Nasca
Fiori ta S. 67
Lavena
Grantola
Ghirla
Morcote
Maroggia
Erbonne
Sasso del Ferro 28
30 Arcumeggia
29 Villa della Porta Bozzolo
4 Std. 20 Min.
Porto Ceresio
Brinzio
Bruzella
Gemonio
LOMBARDIA
Mendrisio
24 Sacro Monte di Varese
Gavirate
Lago di Como
Brebbia
Chiasso
Bizzarone
Varese 23
Como
Lago di Varese
Costa
Varesotto S. 65
Malnate
Cassinetta
Gazzada
Mornago
25 Castiglione Olona
Portichetto
Vergiate
ITALIA
Tradate
Somma Lombardo
5 km
3.11 mi
Premezzo
Cascina Restelli
32 Parco del Ticino

**Der mit seinen 212 km² nach dem Gardasee zweitgrößte italienische See gehört nicht ganz zu Italien.** Ein kleiner, aber wichtiger Teil fiel im 16. Jh. an die Schweiz. Am Verbano, wie der See in Italien genannt wird, treffen sich nicht nur die Schweiz und Italien, sondern auch die italienischen Regionen Piemont (das Westufer) und Lombardei (das Ostufer).

# LOCARNO

*(🕮 F2–3)* **In Locarno (16 000 Ew.) dreht sich alles um die ★ Piazza Grande – nicht nur im August, wenn während des Filmfestivals ein Hauch von Hollywood durch das Städtchen weht.**

Die 7000 Zuschauer sind sich dann einig: Die Piazza Grande ist der schönste Kinosaal der Welt. Ins Schwärmen geraten auch die Musiker, die bei der Konzertreihe Moon & Stars auftreten. Für die Sängerin Pink ist die Piazza Grande schlicht „der schönste Platz der Welt". Legendär ist das Gitarrensolo von Lenny Kravitz auf einem Balkon. Wenn er über Locarno spricht, schwingt Begeisterung mit: „Ich liebe die Piazza Grande! Hier verdichten sich Romantik und Geschichte." Was Kravitz damit meint, kannst du dir bei einem Espresso in der Bar Verbano überlegen: Von dort aus hast du die geschwungene Häuserzeile mit den Arkaden gut im Blick.

Nicht verschwiegen sei, dass klotzige Siedlungen so manchen Berghang und ausladende Gewerbegebiete das Tal zerstören. Ein 5,5 km langer Straßentunnel entlastet inzwischen die Innenstadt vom chaotischen Autoverkehr. Still und verwinkelt sind die Gassen in der anheimelnden Altstadt geblieben.

## SIGHTSEEING

### CASTELLO VISCONTEO

Von der Burganlage, die die Mailänder Herzogsfamilie Visconti im 14. Jh. bauen ließ, ist heute nur noch das Schloss übrig. Dahinter versteckt sich zudem ein Bollwerk *(Rivellino)*, das neueren Erkenntnissen zufolge Leonardo da Vinci im Jahr 1507 geplant hat. Im Kastell mit dem markanten runden Turm zeigt das *Museo Civico e Archeologico* Fundstücke aus der Bronzezeit bis zu den Römern, darunter eine bedeutende Sammlung römischer Gläser und Vasen. *April–Okt. Di–So 10–16.30 Uhr | Piazza Castello 2 | ⏲ 1 Std.*

### CASA RUSCA

Wer sich für zeitgenössische Kunst interessiert, ist in der *Pinacoteca Comunale* richtig. Sie zeigt regelmäßig Ausstellungen internationaler Künstler. *Di–So 10–16.30 Uhr | Piazza San Antonio 1 | museocasarusca.ch | ⏲ 1 Std.*

### GHISLA ART COLLECTION

Ja, noch eine Kunstsammlung. Aber was für eine! Der rote Kubus ist eine zeitgenössische Wunderkammer mit Werken von Fernando Botero, Roy Lichtenstein, René Magritte und Pablo Picasso. *Mi–So 13.30–18 Uhr | Via Ciseri 3 | ghisla-art.ch | ⏲ 1 Std.*

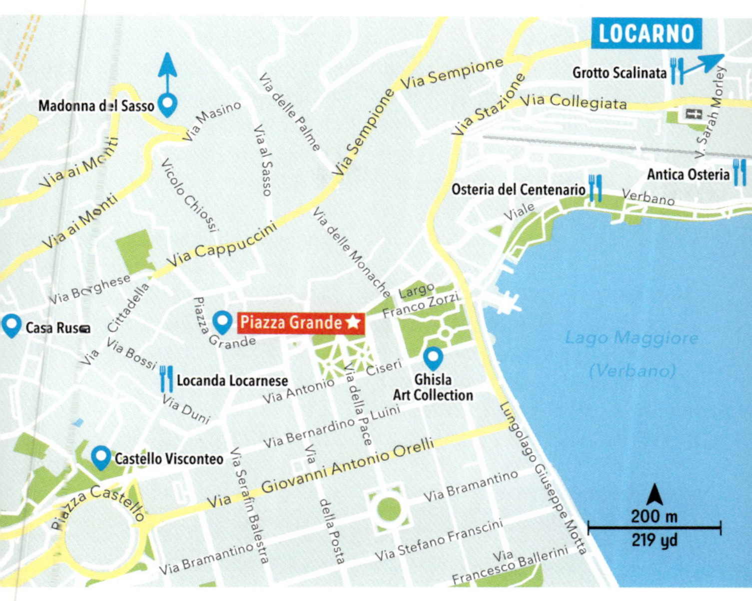


## MADONNA DEL SASSO

Die barocke Wallfahrtskirche thront wie ein Schutzengel über Locarno. Du erreichst sie zu Fuß auf einem Kreuzweg, ein halbstündiger Spaziergang mit herrlicher Aussicht über Stadt und See. Schneller gehts mit der Standseilbahn *(funicolarelocarno.ch),* die alle 15 Minuten von der Via Ramogna abfährt. In der Kirche aus dem 16. Jh. beeindrucken Votivmalereien und lebensgroße Holzfiguren. *Via Santuario 2 | Orselina*

## ESSEN & TRINKEN

### LOCANDA LOCARNESE

Das Städtchen weist eine ansehnliche Dichte an Gourmetlokalen aus; die Locanda bietet ihre Genüsse gleich neben der Piazza Grande in stilvoll-schlichtem Ambiente an. *So und außer Fr/Sa mittags geschl. | Via Bossi 1 | Tel. 09 17 56 87 56 | locandalocarnese.ch | €€€*

### ANTICA OSTERIA

INSIDER-TIPP
**Frisch, bio, lokal**

Ob Zander aus dem See, Bioziegenkäse aus dem Maggiatal oder Ravioli aus Tessiner Ruchmehl – lokale Produkte werden hier mit einem Hauch Inspiration aus der Ferne serviert und in ganz besonders gastlichem Ambiente. *So/Mo geschl. | Via Pescatori 8 | Tel. 09 12 34 25 79 | anticaosteria.ch | €€–€€€*

### OSTERIA DEL CENTENARIO

Mediterrane Küche mit hohem Genussfaktor. *So/Mo geschl. | Viale Verbano 17 | Tel. 09 17 43 82 22 | osteria centenario.ch | €€€*

### GROTTO SCALINATA

In den Hügeln oberhalb von Tenero: auf dem Feuer zubereitete Polenta, Gemüse aus dem Garten, Wein aus dem benachbarten Rebberg, moderate Preise. *Mo-Abend und Di geschl. | Tenero | Via Contra 60 | Tel. 09 17 45 29 81 | grotto-scalinata.com | €€*

## SHOPPEN

Im überschaubaren Locarno lässt es sich gut und entspannt einkaufen. An der Piazza Grande und in der Altstadt gibt es viele Geschäfte und Boutiquen.

## SPORT & SPASS

### LIDO

Nach dem Adrenalinkick auf der Loopingrutsche kann man im Ruhebecken relaxen. Große Liegewiese am See. Kleinkinder planschen in zwei eigenen Becken mit Spielzeug. *Tgl. 8.30–21 Uhr | Via Respini 11 | lidolocarno.ch*

### FALCONERIA LOCARNO

Pio Nesa lässt in Locarno die Tradition der Falknerei aufleben. Seine Greifvogelschau ist ein tolles Erlebnis: Die Falken, Adler, Bussarde, Geier und Eulen fliegen nur wenige Zentimeter über die Köpfe der Zuschauer hinweg. Dank einer überdachten Tribüne finden die Shows auch bei schlechtem Wetter statt. *Flugvorführungen Mitte März–Okt. Di–So, Juli/Aug. tgl. 11 und 15 Uhr | Via delle Scuole 12 | falconeria.ch*

### FLUSSBADEN

Wer in oder um Locarno Urlaub macht, darf auf keinen Fall verpassen, sich auf den zu bizarren Formen geschliffenen Felsen der nahen Bergbäche in der Sonne zu räkeln und sich im kristallklaren, kalten Wasser zu erfrischen. Es gibt unzählige Badeplätze, vor allem an der *Maggia* (z.B. bei Ponte Brolla oder zwischen Brontallo und Broglio), im Centovalli an der *Melezza*

Fifty Shades of Grey: Die Granitformationen der Verzasca faszinieren nicht nur Taucher

(zwischen Verscio und Cavigliano) oder an der *Verzasca* (bei Lavertezzo). Aber Vorsicht bei den glatten Steinen, Strudeln und Schluchten wie am Monte Garzo bei Ponte Brolla, wo die Flüsse gefährlich sind! Es kommt immer wieder zu schweren Badeunfällen. Informationen und Regeln auf *ti.ch/fiumi*

### KLETTERN

Kurzer Zustieg und dann über 200 sonnige Routen in griffigem Gneis: Die Felsen oberhalb von *Ponte Brolla* sind eines der beliebtesten Klettergebiete im Tessin.

### BUNGEEJUMPING

Wagemutige können sich von der 70 m hohen Eisenbahnbrücke in Intragna oder am Verzasca-Staudamm in Tenero-Contra 220 m in die Tiefe stürzen: Hier wurde der berühmte Sprung im James-Bond-Film „Golden Eye" gedreht. *Tel. 04 13 90 40 40 | trekking.ch*

## AUSGEHEN & FEIERN

*Die* Anlaufstelle vom Aperitif bis zum After-Dinner ist die *Pardo Bar (Via della Motta 3 | pardobar.com)* mit Musik und Drinks. Am Tresen der offiziellen Außenstelle des Filmfestivals werden die Pardo-Cocktails gemixt und über 250 Biersorten ausgeschenkt. Samstags geht es anschließend ins *Vanilla (23–5 Uhr | Via Cantonale | vanillaclub.com),* die Diskothek etwas außerhalb in Riazzino mit vier Dancefloors.

INSIDER-TIPP
**Der Cocktail zum Festival**

# RUND UM LOCARNO

### 1 CARDADA

*2½ km nördlich von Locarno/je 5 Min. mit der Stand- und der Luftseilbahn*

Kabinen sowie Tal- und Bergstation der Luftseilbahn Orselina–Cardada wurden nach Plänen des großen Tessiner Architekten Mario Botta errichtet. Die extravaganten Gondeln garantieren spektakuläre Tiefblicke. Oben bietet Locarnos Hausberg (1332 m) beste Bedingungen für Wanderer und Mountainbiker – die Aussicht ist grandios. Für Erwachsene gibt es *Fußreflexzonenpfade,* für Kinder einen 1200 m langen *Spazierweg,* an dem sich ein Spielgerät ans nächste reiht. Wer noch höher hinauswill, fährt von der Cardada-Station weiter zur *Cimetta* (1672 m). In schneereichen Wintern kann man hoch über den Palmen und dem See sogar Ski fahren. Mit der Standseilbahn von der Via Ramogna zuerst nach Orselina, dann Luftseilbahn Orselina–Cardada. *Kernzeit tgl. 9.15–18.15, Juni–Aug. 7.45–19.45 Uhr | cardada.ch |* *F2*

### 2 VERSCIO

*7 km nordwestlich von Locarno/ 10 Min. über Ponte Brolla und Tegna*

Das kleine Verscio (900 Ew.) hat einen internationalen Ruf: Der 2016 verstorbene Clown Dimitri baute hier ein Theater und eine anerkannte Artistenschule auf. Nach der Vorstellung treffen sich die Nachfolger von Dimitri und Besucher im *Ristorante del Teatro* bei einem Merlot und Snacks. Und das *Museo Comico* zeigt Plakate, Fotos, Musikinstrumente, Masken aus der Welt der Clownerie und Filme von großen Clowns *(März–Nov. bei Vorstellungen 17–24 Uhr | Tel. 09 12 52 14 00 | teatrodimitri.ch).* F2

## 3 CENTOVALLI

*18 km bis Camedo westlich von Locarno/35 Min. mit der Bahn*

*Intragna,* Eingangsdorf des Tals, wird vom mit 65 m höchsten Glockenturm des Tessins überragt. Durch das Centovalli führt die aufregende Bahnstrecke der *Centovallina (vigezzinacentovalli.com),* die seit 1923 vom Lago Maggiore über Centovalli und Val Vigezzo bis nach Domodossola führt (s. Tour 1 im Kapitel „Erlebnistouren"). Zu Fuß oder per Seilbahn ab Verdasio gelangst du zum *Monte Comino* (1214 m), von wo *Lamatrekkingtouren (lamatrekkingticino.ch)* starten, ein erholsamer Spaß für Groß und Klein. E–F 2–3

## 4 ONSERNONETAL (VALLE ONSERNONE)

*15 km bis Loco nordwestlich von Locarno/25 Min. über Verscio*

Das höher gelegene Seitental des Centovalli war bis ins 20. Jh. nur durch Saumwege erschlossen, seine Bewohner lebten von der Strohflechterei. Tiefe Schluchten hat der Fluss Isorno in das wildromantische Tal gegraben, das mit seiner kurvenreichen Straße und den neun pittoresken Dörfern in sonniger Hanglage wie Auressio und Spruga an sich schon eine Sehenswürdigkeit ist. Dies fand auch der große Schweizer Schriftsteller Max Frisch, der von 1962 bis zu seinem Tod 1991 im Dorf *Berzona* lebte. Sein Nachbar war Alfred Andersch, der ebenda begraben liegt. Ohne die Deutschschweizer Aussteiger, die in den 1970er-Jahren nach einem alternativen Leben suchten, wäre das Tal heute entvölkert. In *Loco* lohnt das liebevoll eingerichtete, kleine Talmuseum *Museo Onsernonese (April–Okt. Mi, Do, Sa und So, Juli–Okt. auch Fr 14–17 Uhr | onsernone.ch).* Eine restaurierte traditionelle *Wassermühle* mahlt hervorragende Polenta.

**INSIDER-TIPP Stroh auf den Kopf**

Moderne Strohflechterei, z. B. praktische und schicke Strohhüte, findest du bei *Pagliarte (pagliarte.ch)* in Berzona. D–E2

## 5 MAGGIATAL (VALLE MAGGIA)

*25 km bis Cevio nordwestlich von Locarno/30 Min. über Ponte Brolla und Maggia*

Die Valle Maggia führt von den Palmen Locarnos zum eiskalten Gletscher des Basodino. Ab Ponte Brolla lässt sich das Tal auch prima per Rad erkunden. Ein Radweg führt entlang der Maggia bis nach Cavergno, vorbei an Wasserfällen wie der *Cascata del Soladino* und der *Cascata delle Sponde* bei Giumaglio und Riveo. In *Maggia,* dem größten Talort, kannst du zu einer vierstündigen Almwanderung auf alten Saumwegen ins Verzascatal starten. In *Cevio* illustriert das *Museo di Valmaggia (April–Okt. Di–So 13.30–17 Uhr | Cevio Vecchio 6/12 | museovalmaggia.ch)* das Leben im Tal.

**INSIDER-TIPP Himmelsleiter**

Im wilden Seitental *Val Bavona* führen Treppenwege fast mühelos die steilen

Abgelegen im oberen Maggiatal: Mario Bottas geschwungene Kirche San Giovanni Battista

Felswände hinauf, z. B. zur *Alpe Larecchia*. Zur Stärkung gehts danach ins *Grott di Balöi (tgl. | Tel. 09 17 54 13 87 | €€)* in *Fontana*. Unbedingt besuchenswert ist die vom Tessiner Architekten Mario Botta in kühnem Wurf konzipierte Bergkirche *San Giovanni Battista* im abgelegenen *Mogno* (kurvenreiche Anfahrt!).

Serpentinenreich ist auch die Fahrt nach *Bosco Gurin (bosco-gurin.ch)*. Der Ort wurde im 13. Jh. von Walsern gegründet. Amtssprache in dem höchstgelegenen ganzjährig bewohnten Ort des Tessins ist Deutsch. Das *Museum (Ostern–Okt. Di–Sa 10–12 und 13.30–17, So 13.30–17 Uhr | walserhaus.ch)* erzählt die Geschichte der deutschsprachigen Walser. Im Winter ist das Gebiet ein schneesicheres Skiparadies. *D–F 1–2*

## 6 VERZASCATAL (VAL VERZASCA) ★

*30 km bis Sonogno nördlich von Locarno/50 Min. über Tenero und Vogorno*

Das Verzascatal *(verzasca.com)* ist ein Mekka der Taucher und Sonnenbader. Die pittoresken Formen, die der Fluss in sein Gneisbett geschliffen hat, bilden eine einzigartige Unterwasserwelt. Das smaragdgrüne Wasser macht aus dem engen Tal mit den gewaltigen, drohend wirkenden Felswänden eine spektakuläre, unverfälschte Naturschönheit. Die große Talsperre am Taleingang 10 km von Locarno begrenzt den mächtigen Stausee *Lago di Vogorno*. Dörfer wie *Mergoscia* oder *Corippo* mit seinen typischen Steinhäusern begeistern Wanderer mit ihrem harmonischen Ortsbild. In *Lavertezzo* überspannt der mittelalterliche

*Ponte dei Salti* kühn die grüne Verzasca. Im schon alpin anmutenden Ort *Sonogno* lernst du im *Museo di Val Verzasca (Ostern–Okt. Di–So 11–16 Uhr | museovalverzasca.ch)* mehr über das Leben im Tal und genießt anschließend im *Grotto Efra (tgl. | Strada de Redorta 46 | Tel. 09 17 46 11 73 | grottoefra.ch | €) salametti* und *formaggini* vor der Kulisse des Wasserfalls. *F–G 1–2*

# ASCONA

*(F3)* **Als das „seltsamste Dorf der Welt" wurde Ascona in den 1950er-Jahren in einem Buchtitel bezeichnet. Fakt ist, dass Ascona (5000 Ew.) eines der berühmtesten Dörfer der Welt und ebenso mondän wie romantisch ist.**

Allein drei Fünfsternehotels befinden sich hier, von denen einige zu den besten Hotels der Schweiz zählen. Dennoch macht Ascona mit seiner wunderschönen, von Platanen gesäumten Uferpromenade und dem mittelalterlichen Stadtkern den Eindruck eines verträumten Fischerdorfs. Sein außergewöhnliches Renommee erhielt es Anfang des 20. Jhs., als Utopisten und Weltverbesserer aus dem Norden den Monte Verità zu ihrer Experimentierwiese erkoren. Sie machten Ascona zum Trendreiseziel für Politiker, Künstler und Wissenschaftler – oder eben zum „seltsamsten Dorf der Welt". In den 1960er-Jahren war Ascona als Ferienort derart beliebt, dass ein deutsches Auto nach seinem Namen benannt wurde: der Opel Ascona. In der jüngeren Zeit hat sich das „Saint-Tropez der Schweiz" dank eleganten Geschäften und innovativen Restaurants als trendiges Ausflugsziel wieder ins Gespräch gebracht.

## SIGHTSEEING

### UFERPROMENADE ★

Hier regiert das Dolce vita! Sehen und gesehen werden lautet das Motto auf Asconas *lungolago,* benannt nach dem Tessiner Politiker Giuseppe Motta (1871–1940). Im Sommer flaniert man im Schatten der ausladenden Platanen, die vor 400 Jahren Emigranten aus Frankreich mitbrachten. Straßenkünstler, Maler und Musiker sorgen das ganze Jahr über für Unterhaltung.

### MUSEO COMUNALE D'ARTE MODERNA

Im zweiten Stock des Museums werden Ausstellungen zum Werk der expressionistischen Malerin Marianne von Werefkin (1860–1938) gezeigt. Die hoch talentierte Werefkin war in Sankt Petersburg Schülerin Ilja Repins. 1896 zog sie mit ihrem Gefährten Alexej von Jawlensky nach München, wo sie gemeinsam mit Wassily Kandinsky die expressionistische Malerei anstieß. Ab 1918 lebte sie in Ascona, wo sich heute ihr Nachlass befindet. *April–Anfang Jan. Di–Sa 10–12 und 14–17, So 10.30–12.30 Uhr | Via Borgo 34 | 1 Std. | museoascona.ch*

### TEATRO SAN MATERNO

In den 1920er-Jahren für die Tänzerin Charlotte Bara erbaut, werden in dem

Laufsteg für jedermann: An Asconas Uferpromenade wird flaniert, was das Zeug hält

Schmuckstück aus der Bauhauszeit regelmäßig Konzerte und Performances veranstaltet. *Via Losone 3 | teatrosan materno.ch*

**MUSEO CASTELLO SAN MATERNO**

Das Schlösschen ist Sitz einer Kunstsammlung mit Werken von Künstlern aus Worpswede, des deutschen Impressionismus und Expressionismus und – während der Sommermonate – interessanter Sonderausstellungen. *Juni–Mitte Sept. Do–Sa 10–12 und 14–17, So 14–16 Uhr | Via Losone 10 | 1 Std. | museoascona.ch*

**MONTE VERITÀ**

Wer sich in das Ascona Anfang des 20. Jhs. begeben will, als Künstler und allerlei Exzentriker auf dem „Berg der Wahrheit" sich selbst und eine bessere Welt zu finden hofften, besucht am besten die von Harald Szeemann geschaffene Ausstellung im Museum *Casa Anatta (April–Okt. Mi–So 14–18, So auch 10–13 Uhr | 2 Std.)*. Der Teeweg in der kleinen Teeplantage mit Zengarten führt zur *Casa del Tè*, wo du u. a. Grüntee vom Monte Verità probieren kannst. *monteverita.org*

INSIDER-TIPP
**Welt verbessern und Tee trinken**

## ESSEN & TRINKEN

**SEVEN EASY**

Jahrelang hat sich an Asconas Seepromenade nur wenig getan. Dann eröffnete Multimillionär Stefan Breuer am 7.7.2007 das edle Trendlokal Seven, wenig später das erschwinglichere Seven Easy, das ebenfalls einschlug und seitdem der weiterhin beliebten Osteria Nostrana Konkurrenz macht. *Tgl. | Lungolago Piazza Motta 61 | Tel. 09 17 80 77 71 | seven.ch | €€*

### OSTERIA GROTTO BALDORIA

Ausgelassene Stimmung herrscht in dieser typischen Tessiner Osteria, in der die Gäste bei deftiger Kost an langen Tischen zusammensitzen. *Ostern–Okt. tgl. | Via Sant'Omobono 9 | Tel. 09 17 91 32 98 | grottobaldoria.ch | €€*

### DA GINA

Das Mehl mahlt eine Tessiner Mühle, gebacken wird sie mit Kastanienholz im Steinofen: Giulios Pizza schmeckt einmalig. Dazu stehen Gegrilltes und saisonale Gerichte auf der Karte, mittags ist eine Vorspeise inklusive. *Tgl. | Viale Monte Verità 19 | Tel. 09 17 91 27 40 | dagina.ch | €–€€*

### TICINO EXPERIENCE

Der Stummfilm „Ticino Experience" ist nicht nur ein Augen-, sondern auch ein Gaumenschmaus: Während die Filmhelden auf der Suche nach neuen Menüs durch die Tessiner Täler streifen, degustieren die Zuschauer die Delikatessen, die über die Leinwand flimmern. Auch für Familien geeignet. Reservierung ist obligatorisch! *April–Okt. Di–Sa 18, So 11 Uhr | Casa Rustica (Albergo Losone) | Via dei Pioppi 14 | Losone | Tel. 09 17 85 70 00 | albergo losone.ch/ticino*

## SHOPPEN

Wer ein paar Schritte in Asconas alten Dorfkern setzt, dem wird sofort klar: In diesem Boutiquenparadies wird vor allem glücklich, wer ein größeres Budget hat. Aber auch in Ascona gibt es ein paar originelle, kleine Läden.

### LA RONDINE

Im 1951 vom niederländischen Widerstandskämpfer und Pianisten Leo Kok gegründeten Antiquariat findest du neben antiquarischen Titeln Bücher über das Tessin, übers Wandern und zu Natur und Botanik. *Di, Fr, Sa 10.30–17.30, Do 14–17.30 Uhr | Piazza San Pietro 6 | la-rondine.ch*

### TERRENI ALLA MAGGIA

INSIDER-TIPP Reisrekord

Der innovative Landwirtschaftsbetrieb baut im Maggiadelta den nördlichsten Reis Europas an. Im Laden in Ascona kannst du ihn ebenso kaufen wie Produkte aus der eigenen Geflügelfarm und Wein der Kellerei. *Via Muraccio 105 | terreniallamaggia.ch*

## SPORT & SPASS

### BAGNO PUBBLICO

In diesem wunderschön gelegenen, weitläufigen öffentlichen Strandbad mit freiem Eintritt treffen sich im Sommer Asconas Familien, um im See zu baden. Der Sandstrand ist für Kinder ideal, das Restaurant bei schönem Wetter auch abends geöffnet. *Via Lido*

### WASSERSPORT

Tony und Adriano Meier von der *Scuola Vela* vermieten Segel- und Motorboote; bei ihnen kannst du auch Wasserski fahren. *Via Albarelle | Tel. 09 17 91 51 85 | asconautica.ch*

Sumpfzypressen, Rhododendren, Azaleen: Botanisches Multikulti herrscht auf San Pancrazio

# RUND UM ASCONA

## 7 BRISSAGOINSELN (ISOLE DI BRISSAGO)

*5 km südwestlich von Ascona/10 Min. mit dem Schiff*

Sie werden die grünen Perlen des Lago Maggiore genannt und sind wahrhaftig eine Pracht: die zwei Eilande, von denen nur die größere, die *Isola San Pancrazio* mit ihrem *Botanischen Garten (April–Okt. tgl. 9–17.30 Uhr)*, zugänglich ist. Japanische Hanfpalmen aus dem Fernen Osten, Watsonia und Löwenschweif aus Südafrika, Sumpfzypressen und Agaven aus Südamerika, australischer Eukalyptus: Mit über 1500 Pflanzenarten von allen Kontinenten wird die botanische Weltreise hier zum Kinderspiel. Kinder entdecken die Insel auf Schatzsuche mit geheimnisvollen Pflanzen (Karte dazu an der Kasse).

Den Park hat die exzentrische Baronin Antoinette de Saint-Léger ab 1885 angelegt, die ihre Insel nach abenteuerlichen Fehlspekulationen zu Geld machen musste. Käufer war der Hamburger Kaufhauskönig Max Emden, der 1927 gerade sein Imperium für viel Geld an Karstadt veräußert hatte. Er ließ die prächtige Villa erbauen. Nach seinem Tod übernahmen der Kanton sowie die umliegenden Gemeinden die Inseln.

Im Schweizer Seebecken verkehrt die *Società Navigazione del Lago di Lugano (lakelocarno.com)*, die Inseln werden aber auch von der *Navigazione Lago Maggiore (navigazionelaghi.it)* angesteuert. *isoledibrissago.ti.ch* | *F3*

## 8 RONCO SOPRA ASCONA

*4 km südwestlich von Ascona/1 Std. über den Weg vom Monte Verità*

Ein Besuch in in dem Dörfchen hoch überm See lohnt sich vor allem wegen des wunderbaren Blicks von der Piazza bei der Kirche über den Lago Maggiore. Vom Monte Verità oberhalb von Ascona führt ein schöner Höhenweg in das ehemalige Bauerndorf, in dem heute viele Villen stehen. Von Ronco kann man noch weiterwandern über den Bergkamm zum autofreien Bergdorf *Rasa (14 km, 6 Std.)*, das nur zu Fuß oder per Seilbahn ab Verdasio im Centovalli erreichbar ist. E–F3

## 9 BRISSAGO

*8 km südwestlich von Ascona/15 Min. über die N 13*

Auf der der Durchfahrt wirkt das 2000-Ew.-Städtchen heute eher trist. Dabei haben sich einst Schriftsteller wie Thomas Mann, Ernest Hemingway und Erich Kästner in dem Grenzort zu Italien richtig wohl gefühlt. Sie stiegen im noblen Brissago Grand Hotel du Lac ab. Der schöne Belle-Époque-Bau fiel wie viele andere Villen des 19. Jhs. in der zweiten Hälfte des 20. Jhs. wüster Modernisierung zum Opfer.

Hinter glitzernden Glasfassaden verschwand auch die alte Fabbrica Tabacchi Brissago, berühmt für ihre dünne Virginiazigarre „Brissago". Der mächtige Industriekomplex, zwischenzeitlich ein Kongresszentrum, ist seit 2020 geschlossen. Ihrem berühmten Ehrenbürger, dem Opernkomponisten und Librettisten Ruggero Leoncavallo (1857–1919), widmete die Gemeinde in der Casa Baccalà ein *Museum (Wiedereröffnung nach Restaurierung ca. Frühling 2024 | leoncavallo.ch)*. An der See-

Letzte Kirche vor Italien: Direkt am See in Brissago steht die Chiesa Santi Pietro e Paolo

promenade probierst du in der *Osteria Boato (Mai–Okt. tgl. | Viale Lungolago | Tel. 0917809922 | osteriaboato.ch | €€€)* Forelle, Saibling, Felchen oder Hecht aus dem Lago Maggiore, die von Alessandro Boato nach traditionellen Rezepten zubereitet werden. *E3*

INSIDER-TIPP
**Frisch aus dem See**

## 10 CANNOBIO

*15 km südwestlich von Ascona/40 Min. mit dem Schiff*

So schön die Strecke von Ascona bis zum pittoresken Cannobio (5100 Ew.) ist, auf der schmalen, dem kurvigen Ufer folgenden Straße quälen sich im Sommer oft ganze Wagenkolonnen; ein Wohnmobil, das einen Reisebus passieren muss – schon stockt es. Der Weg lohnt sich trotzdem. Das erste Dorf auf der italienischen Seite hat seine Seepromenade sorgfältig renoviert und weitgehend vom Verkehr befreit. Sein Charme trotzt jedem touristischen Ansturm. Die guten Windverhältnisse um die Mittagszeit schaffen zudem ideale Bedingungen für Windsurfer und Segler.

Jeden Sonntag ist an der Uferpromenade ein stark besuchter *Markt*. Seit über 100 Jahren als Weinhändler aktiv, bietet *Casa Bava (Piazza 27/28 Maggio 8 | casabava.com)* eine große Auswahl italienischer Weine. Beliebtes Ziel ist der Ort zudem für Campingferien: Nicht weniger als neun Plätze gibt es auf dem Gemeindegebiet. Eine Institution ist das Restaurant *Antico Sempione (tgl. | Via Casali Sempione 3 | Tel. 0323719 20 | Facebook | €€)*, wo bereits im 18. Jh. Pilger einkehrten; heute stehen sogar vegane Gerichte auf der Karte. Ganz in der Nähe befindet sich die Heilquelle *Acqua Carlina*. Noch immer kommen Menschen von weit her und füllen sich etwas vom Wasser ab. *E4*

## 11 ORRIDO DI SANT'ANNA

*20 km südwestlich von Ascona/35 Min. über die N 13, SS 34 und SP 75*

Die faszinierende Klamm am Taleingang mit rauschenden Sturzbächen ist beliebt bei Tauchern und Forellen. Für ein Bad in der schmalen, 14 m tiefen Schlucht braucht es Überwindung: Im Sommer erreicht das Wasser erfrischende 16 Grad. Einen schönen Blick auf die abends beleuchtete Klamm bietet das beliebte, viel besuchte *Grotto Sant'Anna (Mo geschl. |*

INSIDER-TIPP
**Kühles Abenteuer im grünen Nass**

*Via Sannt'Anna 30 | Tel. 0 32 37 06 82 | €€).* Trainierte können die wildromantische *Valle Cannobina,* das Cannobinatal, in dem die Dörfer wie Vogelnester an den felsigen Flanken kleben, per Rad erkunden. Die Tour von Ascona über Cannobio, Cannobinatal und Centovalli zurück nach Ascona misst rund 70 km. *D–E 3–4*

# VERBANIA

*(D5–6)* **Prächtige Gärten und Cafés an der magnoliengesäumten Seepromenade in Pallanza, enge, geschäftige Gassen in Intra: Das Städtchen Verbania (31 000 Ew.), entstanden aus den Gemeinden Intra und Pallanza, ist der Hauptort der Provinz Verbano-Cusio-Ossola.** Hier dominierte im 20. Jh. die Textil- und Kunststoffindustrie, heute sind Handel, Handwerk, Gärtnereien und der Tourismus bedeutsam. Der samstägliche Wochenmarkt in Intra gehört zu den schönsten Märkten am See. Ebenfalls von Intra verkehren Autofähren nach Laveno am Ostufer. Ein Fuß- und Fahrradweg direkt am bzw. über dem Seeufer entlang verbindet Intra, Pallanza und Suna und führt weiter bis nach Fondotoce und ins Ossolatal. *viviverbania.it*

## SIGHTSEEING

### GÄRTEN DER VILLA TARANTO ★

Der 16 ha große Park direkt am See mit einem eigens geschaffenen kleinen Tal, Wasserkaskaden und rund 20 000 exotischen Pflanzen aus allen Erdteilen gehört zu den schönsten botanischen Gärten der Welt. Zu verdanken ist er einem schottischen Hauptmann, der das Gelände 1931 erworben und die typisch italienischen Terrassen mit dem englischen Gartenbau zu perfekter Harmonie vereint hatte. Im April blühen bei der *Festa del Tulipano* 80 000 Tulpen. *Mitte März–Okt. tgl. 9–17.30, April–Sept. bis 19 Uhr | Via Vittorio Veneto 111 | Pallanza | villa taranto.it | 2 Std.*

### SAN REMIGIO

Das verlassene romanische Kirchlein thront auf dem Castagnola-Hügel über dem See. Restaurierungsarbeiten legten Fresken aus dem 12. Jh. frei. Das Nationaldenkmal erreichst du nur zu Fuß: Geh vom Lungolago Pallanza zur Villa Azalea (Via al Collegio), dann in die Salita San Remigio. Den Schlüssel zur Kirche gibts in der *Villa Chaminade (Via San Remigio | Auskunft Tel. 03 23 50 32 49),* wo du ihn nach dem Besuch in den Briefkasten wirfst.

INSIDER-TIPP
**Schlüssel nicht vergessen!**

### MUSEO DEL PAESAGGIO

Gletscherwelten, leidenschaftliche Küsse, Wäscherinnen am *lungolago* – die Malerei von Arnaldo Ferraguti, Ambrogio Alciati und anderen entführt dich in die Berglandschaften des Verbano und vergangene Zeiten. Im Erdgeschoss befindet sich die Werkschau des in Intra geborenen Bildhauers Paolo Troubetzkoy. *April–Okt. Mi–Mo, Nov.–März Do–So 10–18 Uhr | Via Ruga 44 | Pallanza | museodelpaesaggio.it | 1 Std.*

### MADONNA DI CAMPAGNA

Weil zahlreiche Gläubige zum Fresko der stillenden Madonna (linkes Seitenschiff) pilgerten, dem sie Wunderkräfte zusprachen, beschloss man 1519 die Erweiterung der romanischen Kirche im Stadtteil Suna. Heute präsentiert sie sich im Stil der Renaissance, vom ursprünglichen Bau sind nur noch der später aufgestockte Campanile und einige Säulen erhalten. *Viale Azari 113*

## ESSEN & TRINKEN

### CAFFÈ DELLE ROSE BISTROT

Phantasievolle mediterrane Küche in Jugendstilambiente. Am *chef's table* kannst du den Köchen auf die Finger schauen. *Mi-Mittag und Di geschl. | Via Ruga 36 | Pallanza | Tel. 03 23 28 83 71 | caffedellerosebistrot.it | €€*

### LA LATTERIA

Beliebte Klassiker aus Monicas leichter und abwechslungsreicher Küche sind Gnocchi mit einer Sauce aus dem pikanten Castelmagno-Käse, Couscous mit Fisch oder ein Filet mit Barolo. Milcheimer und Bottiche erinnern noch an die hier einst ansässige Molkerei. *Mo-Mittag und Di-Mittag geschl. | Piazza San Rocco 6 | Intra | Tel. 0 32 35 34 47 | ristorantelalatteria.it | €€*

### RISTORANTE LE VOLTE

Der Name dieses romantischen Restaurants bezieht sich auf das charakte-

Ein Gesamtkunstwerk aus vom Menschen gestalteter Natur: Gärten der Villa Taranto

ristische Deckengewölbe des Gastraums. Von den lokaltypischen Gerichten sind besonders die Risotti empfehlenswert – z.B. mit Steinpilzen oder, mal eine Abwechslung zur Bergküche, mit Meeresfrüchten. *Di-Abend und Mi geschl. | Via San Vittore 149 | Intra | Tel. 03 23 40 40 51 | €–€€*

## SHOPPEN

### LA CASERA

In Eros Burattis Spezialitätenladen mit Osteria werden *panini* zur Delikatesse. *Formaggi d'autore* heißen die Bergkäse hier wegen der individuellen Prägung. *Piazza Ranzoni 19 | Intra | formaggidieros.it*

### VIA RUGA IN PALLANZA

Inspiration trifft Nostalgie: Im wunderschönen Buchladen *Libreria Spalavera (Nr. 16)* sitzt du unterm Glasdach, im *Artificio (Nr. 10)* stöberst du in alten Comics und Drucken – oder du entdeckst neue Kunstwerke in der Galerie *Al Minuto' (Nr. 5).*

# RUND UM VERBANIA

### 12 CASA DELLA RESISTENZA & PARCO DELLA MEMORIA E DELLA PACE

*6 km westlich von Verbania/10 Min. über die Uferstraße*

In Verbanias Hinterland bekämpften Partisanen ab 1943 die deutschen Besatzer; im September 1944 bestand sogar für kurze Zeit die freie Repubblica dell'Ossola. In *Fondotoce* zwischen Lago Maggiore und Lago di Mergozzo, wo die Nazis im Juni 1944 42 Gefangene hinrichteten, erinnern heute die Gedenkstätte und das „Haus des Widerstands" an die Partisanen und die Opfer des Naziterros. *Di–Fr 9–12.30, Mi/Do auch 14–17.30 Uhr | Via Turati 9 | Fondotoce | casadellaresistenza.it | 45 Min. | C5*

### 13 MERGOZZOSEE (LAGO DI MERGOZZO)

*10 km bis Mergozzo nordwestlich von Verbania/20 Min. über Fondotoce*

Vom Fluss Toce mitgeführtes Geröll sorgte vor über 1000 Jahren für die Abtrennung des 2,5 km langen, 1 km breiten Sees vom Lago Maggiore. Beide verbindet heute ein natürlicher Kanal. Der fischreiche See gehört zu den saubersten Badeseen Oberitaliens. Von *Mergozzo* mit verwinkelten Gassen führt der *Sentiero Azzurro* am See entlang ins Bergdorf *Montorfano* und auf den gleichnamigen Berg mit Granitsteinbrüchen. Am Seeufer genießt du ambitionierte, von alpinen Traditionen inspirierte Küche in der edelrustikalen *Casa Castagna 1620 (tgl. | Piazza Cavour 8 | Tel. 03 23 19 91 08 2 | casacastagna1620.it | €€).* C5

**INSIDER-TIPP**
**Motorboote müssen draußen bleiben**

### 14 PARCO NAZIONALE DELLA VAL GRANDE

*25 km bis Premosello nordwestlich von Verbania/30 Min. über Mergozzo*

Wilde Natur und Stille erwarten dich in diesem 146 km² großen National-

Sag der Zivilisation bye-bye: unterwegs in der wilden Natur des Nationalparks Val Grande

park. Neben zerklüfteten Bergketten, reicher Alpenflora und erfrischenden Badeplätzen findest du Reste alpiner Alm- und Waldwirtschaft. Besonders auf futterreichen Alpwiesen lässt sich die Königin des Val Grande blicken.

INSIDER-TIPP
**Von Gämsen umzingelt**

Die Wildnis ist Erlebnisraum: Geübte Wanderer nutzen das Wegenetz und die Selbstversorgerbiwaks, weniger Geübte finden auf Naturlehrpfaden *(sentieri natura)* ab Cicogna, Beura und Premosello Zugang zum Park. Entlang der insubrischen Linie, der geologischen Störungszone, wo sich die Alpen auffalteten – gut sichtbar im Bachbett des Val Serena –, wandert man auf der Durchquerung des Val Grande von der Alpe Scaredi bis Premosello. *B–D4*

INSIDER-TIPP
**Ein Fuß in Afrika, einer in Europa**

## 15 GHIFFA

*5 km nordöstlich von Verbania/ 10 Min. über die Uferstraße*

Jugendstilvillen hinter dicken Mauern prägen das Bild der Gemeinde (2400 Ew.) an der Uferstraße. Bis weit ins 20. Jh. waren Ghiffas Hutmacher weltberühmt. Ausgefallenen Kopfputz aus dieser Epoche kannst du im Hutmuseum *Museo dell'Arte del Cappello (April–Okt. Sa/So, Juli/Aug. auch Di und Do 15.30–18.30 Uhr | Corso Belvedere 279 | museodellartedelcappello.it)* bewundern. Die barocke Wallfahrtskirche *Santuario della Trinità* auf dem Monte Sacro ist von einem Naturschutzpark mit Wanderwegen umgeben. *E5*

## 16 CANNERO RIVIERA

*15 km nordöstlich von Verbania/ 25 Min. über Ghiffa*

Den Beinamen Riviera verdankt der Ort (1100 Ew.) seinem besonders milden

Klima: Der Monte Carza hält kalte Nordwinde fern – ideale Bedingungen für Zitrusfrüchte; die hier angebauten Sorten sind im *Parco degli Agrumi* zu sehen. Auch Kamelien gedeihen üppig, sie werden alljährlich im März ausgestellt. Der windgeschützte Kiesstrand trägt die Blaue Flagge. Von den vorgelagerten Felsinseln zogen im Mittelalter Raubritter zu Beutezügen aus, im 16. Jh. errichtete Ludovico Borromeo hier den ersten Stammsitz seiner Familie, von dem nur noch Ruinen erhalten sind. Im *Sano Banano (Mo-Mittag geschl. | Via Marconi 30 | Tel. 03 23 78 81 84 | €–€€)* wird abends Pizza aus dem Holzofen serviert, mittags gibt es günstige Menüs. Hoch über Cannero in *Viggiona* serviert das *L'Usignolo (Mo-Mittag und Di-Mittag geschl. | Via Provinciale 2 | Tel. 03 23 78 83 56 | ristoranteusignolo.it | €)* leckere, preiswerte Küche – bei gutem Wetter auf der großartigen Panoramaterrasse. *E4*

# STRESA

*(D6)* **Sogar der Orient-Express hielt auf seiner Fahrt von Paris nach Istanbul in Stresa (5000 Ew.). Kein Wunder, zwingt doch die eindrucksvolle Lage zu Füßen des Mottarone am See mit dem Blick auf die Borromäischen Inseln zum Innehalten.**

Vor allem für englische Reisende avancierte Stresa im 19. Jh. zur Traumdestination par excellence. Die Architektur ihrer Epoche brachten die Briten gleich mit: Pompöse viktorianische Paläste mit weitläufigen Parkanlagen prägen die Uferpromenade bis heute. Und in Luxushotels wie dem Grand Hôtel des Iles Borromées, dem Regina Palace, Astoria oder Grand Hotel Bristol spürt man immer noch den Geist der Belle Époque. Zum Mythos von Stresa trugen auch illustre Gäste wie Richard Wagner, Charles Dickens, Lord Byron oder Ernest Hemingway bei. Letzterer siedelte hier einige Kapitel seines Romans „In einem anderen Land" an. Weltberühmt wurde Stresa darüber hinaus durch die Konferenz, die hier im April 1935 stattfand: Frankreich, Großbritannien und Italien berieten über die sich abzeichnende Kriegs- und Expansionspolitik des Deutschen Reichs.

Ein besonderes Ereignis ist bis heute das *Stresa Festival (stresafestival.eu)*, die alljährlich stattfindenden Musikwochen: Im August und September geben sich weltbekannte Kammer- und Symphonieorchester sowie Jazzmusiker ein Stelldichein. Fast das gan-

Die drei Borromäischen Inseln fast immer im Blick: Barterrasse in Stresa

ze Jahr über Ferienstimmung herrscht in der Fußgängerstraße Via Mazzini und an der zentralen Piazza Cadorna mit ihren zahlreichen Restaurants.

## SIGHTSEEING

### PARCO DELLA VILLA PALLAVICINO

Im Frühjahr, wenn die Kamelien ihre Pracht entfalten, spazieren Besucher des botanischen Gartens durch ein Blütenmeer. Den englischen Landschaftsgarten legte im 19. Jh. der Marchese Pallavicino an. Im kleinen Zoo können Kinder Ziegen, Rehe oder Lamas streicheln. *Mitte März–Sept. tgl. 10–18.30, Okt. 10–18 Uhr | an der Straße nach Arona | parcopallavicino.it | 2 Std.*

## ESSEN & TRINKEN

### IL VICOLETTO

Beliebtes kleines Restaurant in einem Gässchen in der Altstadt. In der Küche gibt Massimiliano den Rezepten der lokalen Küche einen modernen Dreh. *Do geschl. | Vicolo del Pocivo 3 | Tel. 03 23 93 21 02 | ristorantevicoletto.com | €€*

### ORIENT EXPRESS

Der Geheimtipp am Bahnhof; viele sagen, hier gebe es die beste Pizza der Stadt. *Mo geschl. | Piazzale Stazione 8 | Tel. 0 32 33 04 70 | €*

# RUND UM STRESA

### 17 ARONA

*18 km südlich von Stresa/30 Min. über die Uferstraße*

Die Kleinstadt (16 000 Ew.) ist der ideale Ort zum Flanieren. Das Zentrum ist geprägt von einer autofreien, lebendigen Einkaufsstraße. Arona ist die Ge-

Eine Schöne auf der „Schönen Insel": Grotte im barocken Palazzo Borromeo auf der Isola Bella

burtsstadt von Carlo Borromeo, der im 16. Jh. als Erzbischof von Mailand gegen die Protestanten kämpfte und während der Pestepidemie mit Versorgungsmaßnahmen zahlreichen Menschen das Leben rettete. Seine *Burg* ist heute eine Ruine, die Aussicht dagegen grandios – sowohl auf den See wie auch auf die Zwillingsburg in Angera. Der hl. Karl steht nebenan als 23 m hohe Statue *Sancarlone (stark gestaffelte Zeiten auf statuasancarlo.it)*, die durch eine steile Treppe im Inneren bestiegen werden kann. Durch Auge, Mund und Nase blickst du auf den See. Ein sympathischer Treffpunkt ist das *Café de la Sera (Do geschl. | Lungolago Marconi 87 | Tel. 34 85 50 91 25 | €)* – hierher kommen die Einheimischen, sei es mittags zu einer kleinen Mahlzeit oder abends für einen Cocktail. *D7–8*

## 18 BORROMÄISCHE INSELN (ISOLE BORROMEE) ★

*5 Min. mit dem Schiff von Stresa zur Isola Bella*

Seit mehr als 300 Jahren erliegen Reisende dem Zauber der drei Inseln Isola Bella, Isola Madre und Isola dei Pescatori im Borromäischen Golf *(isole borromee.it)*. Zu den Inseln fahren Linienschiffe ab Stresa, Pallanza und Baveno. Mit Eintritt und Fahrkarte kein billiges Vergnügen!

Die *Isola Bella (Mitte März–Sept. tgl. 10–18.30, Okt. 10–18 Uhr)* beschrieben Reisende im 18. und 19. Jh. als ein Weltwunder. Das Schloss und den Park, der an die hängenden Gärten von Babylon erinnern sollte, ließ Carlo Borromeo III im 17. Jh. für seine Frau Isabella d'Adda errichten. Barocke Lust an Üppigkeit spiegeln die Säle im Palazzo wider. Eigentümlich wirken die mit Kieselsteinen aus dem See verzierten Grotten. Im blühenden Garten, in dem weiße Pfauen ihr Rad schlagen, gehen raffiniert gestaltete Terrassen ineinander über.

Die größte der Inseln ist die *Isola Madre (Mitte März–Sept. tgl. 10–18.30, Okt. 10–18 Uhr)*. Ihr botanischer Garten war für den französischen Schriftsteller Gustave Flaubert der „sinnlichste Ort" der Welt. Im Schloss sind eine umfangreiche Puppen- und Porzellansammlung, Bühnenbilder der Mailänder Scala aus dem 19. Jh. sowie alte Marionettentheater zu sehen.

Gratis ist der Besuch auf der *Isola dei Pescatori* (auch: *Isola Superiore*). Die alte, verwinkelte Fischersiedlung versteckt sich heute hinter Dutzenden von Souvenirläden. *D6*

## 19 FERIOLO

*6 km nördlich von Stresa/10 Min. über die Uferstraße*

Das romantische Fischer- und Steinmetzdörfchen schmiegt sich an eine kleine Bucht abseits der Staatsstraße Richtung Verbania. An der Anlegestelle befindet sich auf einem Schiff aus den 1950er-Jahren das Restaurant *Molo 54 (tgl. | Tel. 03 23 35 01 42 | molo54.it | €–€€)*. An Bord dreht sich (fast) alles um Fisch und Meeresfrüchte – du reist einmal kulinarisch an die Küste und zurück. *C5*

## 20 GIGNESE

*10 km südwestlich von Stresa/20 Min. über Vezzo*

In dem Dorf an der Bergstraße zum Ortasee steht das Schirmmuseum *Museo dell'Ombrello e del Parasole (April–Sept. Di–So 10–12 und 15–18 Uhr | Via Golf Panorama 3 | gignese.it/museo | 45 Min.)* mit mehr als 1000 Einzelstücken und einer alten Werkstatt. Die Schirmherstellung war lange Zeit die Haupteinnahmequelle der umliegenden Dörfer. *D6*

## 21 MOTTARONE ★

*20 km westlich von Stresa/40 Min. über Vezzo und die Mautstraße*

Der Aussichtsberg (1491 m) verlockt zum Wandern, Klettern, Mountainbiken und im Winter zum Skifahren. Außerdem gibt es eine 800 m lange, ganzjährig geöffnete Rodelbahn. *Stresa Bike Rental (Via de Martini 34 | Tel. 0 32 33 15 98 | stresabikerental.com)* organisiert Bikeausflüge am Mottarone und um den Lago Maggiore. Informativ ist ein Streifzug durch den botanischen Garten *Alpinia (April–Okt. tgl. 9.30–18 Uhr)* auf halber Höhe mit über 700 Arten von Alpen- und Heilpflanzen. Die private Panoramastraße *Strada Borromea* ist mautpflichtig. Die Eröffnung einer neuen Seilbahn nach dem schweren Unglück 2021 ist für Mitte 2024 geplant. *C6*

## 22 ORTASEE (LAGO D'ORTA) ★

*25 km bis Orta San Giulio südwestlich von Stresa/40 Min. über Feriolo und die SP 229*

Am Lago d'Orta trifft Idylle auf Industriecharme. Eine Bergkette mit dem Mottarone als höchstem Gipfel trennt den nur 13 km langen, 1,5 km breiten See vom mondänen Lago Maggiore. Im malerischen Ortskern von *Orta San Giulio* (1200 Ew.) laden enge Gassen und Arkaden zum Bummeln ein. In den Cafés und Boutiquen um die *Piazza Motta,* wo seit 1228 immer am Mittwoch ein Markt stattfindet, vergeht die Wartezeit auf das Linienboot wie im Flug. Auf der nur 400 m von der Piazza entfernten *Isola di San Giulio* mit romanischer Basilika folgst du dem Inselrundweg *Via del Silenzio.*

Bereit für eine Begegnung mit dem charismatisch-verrückten Bettelmönch und Ordensgründer, der die katholische Kirche rettete? Von der Piazza Motta führt ein Weg auf den *Sacro Monte di Orta (sacromonte-orta.com),* auf dem 376 lebensgroße Terrakottafiguren in 20 Kapellen Legenden aus dem Leben des Franz von Assisi erzählen, herrliche Ausblicke auf See und Insel inklusive. Am Fuß des „Heiligen Bergs" wartet ein kulinarisches Vergnügen der Extraklasse: der Sternekoch, Autor und TV-Star Antonino Cannavacciuolo zaubert in der *Villa Crespi (Mo/Di geschl. | Via Fava 18 | Tel. 03 22 91 19 02 | villacrespi.it | €€€).* Im Hotelrestaurant *Il Giardinetto (tgl. | Via Provinciale 1 | Tel. 0 32 38 91 18 | giardinettohotel.com | €€)* in *Pettenasco* genießt du mediterrane Küche ganz romantisch direkt am See. Sichere dir einen Platz auf der Dachterrasse!

Industriecharme verströmt *Omegna* am Nordende des Sees, wo die meisten Einwohner von der Metallverarbeitung lebten: Einige große Namen italienischer Haushaltswaren wie Alessi, Lagostina und Bialetti sind hier immer noch zu Hause. Zu Outletpreisen bekommst du Alessis designstarkes Kücheninventar im *Alessi-Outlet (Via Privata Alessi 6 | alessi.it)* im Ortsteil *Crusinallo,* Kochtöpfe bei *Lagostina (Via IV Novembre 37 | casalagostina.it),*

Figurentheater im Dienst der Gegenreformation: Kapelle am Sacro Monte di Orta

Espressokocher und Küchenaccessoires bei *Bialetti (Centro Commerciale Le Isole | Corso Marconi 42 | centroleisole.it)* wenige Kilometer weiter nördlich in *Gravellona Toce*. Ein ähnliches Metall-Handwerk wird in *Quarna Sotto* gepflegt, wo Saxofone noch von Hand hergestellt werden. Einblick in diese Tradition gibt das dortige Museum für Blasinstrumente, das *Museo Etnografico e dello Strumento Musicale a Fiato (Mi–So 16–19 Sa/So auch 10–12 Uhr | museodellequarne.it).* ▯ C6–7

# VARESOTTO

(▯ E–G 6–8) **Das hügelige Voralpengebiet zwischen dem Lago Maggiore im Westen und dem Comer See im Osten ist eine der wirtschaftlichen Triebfedern Italiens.**

Industrie- und Gewerbebauten prägen das Siedlungsbild, eingebettet in eine wunderbare Landschaft. Berge, Hügel, Seen, Wiesen, Wälder, Täler, Flüsse: Das Varesotto ist ausgesprochen abwechslungsreich. Dank der Wasserkraft der Flüsse wurde die Region früher industrialisiert als andere Gegenden Italiens. Dominierte bis in die 1960er-Jahre die Textilindustrie, so gehören heute Auto-, Motorrad-, Hubschrauber- und Flugzeugzulieferer zu den größten Firmen. Trotz der starken Industrialisierung und ihrer Bevölkerungsdichte hat die Provinz Varese in einigen Ecken allerschönste Landschaft bewahren können, vor allem im nördlichen Teil mit seinen kleinen Seen und der faszinierenden Bergkulisse.

## ZIELE IM VARESOTTO

### 23 VARESE

Schon von Weitem sieht man den 77 m hohen Campanile der Basilika *San Vittore*. Der faschistischen Kolossalarchitektur an der Piazza Monte Grappa fiel viel alte Bausubstanz zum Opfer. Das benachbarte Altstadtviertel der Provinzhauptstadt (80 000 Ew.) zeigt sich dagegen durchaus angenehm mit seiner großen Fußgängerzone, die aus dem von Laubengängen flankierten Corso Matteotti, der Piazza Carducci, der Via Carlo Cattaneo und vielen Seitengassen besteht. An Sommertagen flaniert hier die halbe Stadt oder sitzt in den schönen alten Cafés. Im Gegensatz zu anderen Städten verschmolz Varese während der Industrialisierung nicht mit den Vororten. Zwischen Zentrum und Agglomeration entstanden prächtige Villen mit weitläufigen Parks. Deshalb wird Varese auch *città giardino* (Gartenstadt) genannt. Sehenswert ist etwa der *Palazzo Estense* mit schönem Park. Der spätbarocke Bau wirkt wie eine kleine Ausgabe des Wiener Schlosses Schönbrunn. Eine ausgefallene Kunstkollektion trug der Sammler Giuseppe Panza di Biumo in der wunderschönen barocken *Villa Panza (Di–So 10–18 Uhr | Piazza Litta | fondoambiente.it/villa-e-collezione-panza-de | ⏱ 1½ Std.)* mit schönem Aussichtsgarten zusammen. ▯ F–G7

### 24 SACRO MONTE DI VARESE ★ ⚑

Auf den schönsten Aussichtspunkt über die Hügel- und Seenlandschaft um Varese führt ein 2 km langer Pilgerweg vorbei an 14 Kapellen bis zur Wallfahrtskirche *Santa Maria del Monte.* In deren *Cripta Romanica (März–Nov. Mi–Fr 14–18, Sa/So 10–18 Uhr),* der Apsis der mittelalterlichen Felsenkirche voll restaurierter Fresken, erlebst du eine meditative Atmosphäre. Ebenfalls am Ende des Kapellenwegs überrascht das eklektisch geschmückte *Casa Museo Lodovico Pogliaghi (Mitte März–Mitte Nov. Mi–Fr 10–13, Sa/So 10–18 Uhr | casamuseopogliaghi.it)* mit einer reichen Sammlung des Künstlers und Restaurateurs, darunter das Gipsmodell der Türen des Mailänder Doms.

INSIDER-TIPP
**Eine Kirche in der Kirche**

Die Sacri Monti entstanden ab dem 15. Jh. im Zug der Gegenreformation als Charmeoffensive um die Herzen der Gläubigen gegen das von Norden her drohende Luthertum. Die Varesini lieben ihren Sacro Monte und erklimmen ihn regelmäßig, joggend oder spazierend.

Bei Rosanna im *Bistrot Il Convivio (Mo geschl. | Via dell'Assunzione 5 | Tel. 37 56 82 16 83 | €)* gibt es *panini,* Kuchen und Suppen oder du speist nebenan im *Ristorante Montorfano (Di geschl. | Via del Santuario 74 | Tel. 03 32 22 70 27 | €).* Müde Füße freuen sich anschließend über die Standseilbahn *(funicolare, Zeiten s. Website). sacromontedivarese.it* | *F6*

### 25 CASTIGLIONE OLONA

Das am Fluss Olona gelegene Städtchen (8000 Ew.) erscheint wie eine toskanische Enklave in der Lombardei. Kardinal Branda Castiglioni ließ den Ort von toskanischen Künstlern nach den humanistischen Prinzipien der Renaissance umgestalten. An der zentralen Piazza Garibaldi erhebt sich der *Palazzo Branda Castiglioni,* ihm gegenüber der Kuppelbau der *Chiesa di Villa* mit riesigen Sandsteinfiguren an der Fassade und auf dem Hügel die *Collegiata* mit Baptisterium und zauberhaften Fresken von Masolino da Panicale. Einen Kontrast zur Renaissance setzt das *Museo Arte Plastica (Di–So 9–12 und 15–18 Uhr | Via Roma 29 | 30 Min.),* das sich zeitgenössischer Kunst aus diesem Material widmet. *G8*

## ESSEN & TRINKEN

### RIPOLI LA GRIGLIERIA

In dem kleinen, gemütlichen Steakhaus im Zentrum kommen die leckersten Burger von Varese auf den Tisch. Es gehört zu einer Metzgerei: Hier sind also echte Fleischexperten am Werk. *So/Mo geschl. | Piazza Cesare Beccaria 4 | Varese | Tel. 03 32 18 52 94 5 | Facebook | €–€€ | F7*

### RISTORANTE TEATRO

In dem bereits um 1600 erwähnten Lokal fühlen sich Feinschmecker wohl. Dafür sorgt seit über 30 Jahren Küchenchef Mario Mogavero. *Di geschl. | Via Croce 3 | Varese | Tel. 03 32 24 11 24 | ristoranteteatro.it | €€€ | F7*

## SPORT & SPASS

Rund um den Lago di Varese führt ein angenehmer, 28 km langer Radweg. Fahrräder kann man beim Lido in Gavirate mieten *(Tel. 34 94 12 53 17).*

# COSTA FIORITA

**Luino (15 000 Ew.), bekannt für seinen farbigen Wochenmarkt, ist das Aushängeschild der Costa Fiorita, des 50 km langen Abschnitts am Ostufer zwischen der schweizerisch-italienischen Grenze und der geschäftigen Kleinstadt Sesto Calende am südlichen Seeende.**

Er ist nicht so sonnenverwöhnt und urwüchsiger als das piemontesische Westufer. Bodenständigkeit macht den Charme der Costa Fiorita aus. Laveno, Ispra und Angera sind kleine Dörfer mit stillen Uferpromenaden. Die Badebuchten sind hier meist klein und daher ruhig.

## ZIELE AN DER COSTA FIORITA

### 26 ROCCA BORROMEO DI ANGERA ★

Die mächtige Burg, die seit dem 12. Jh. auf einer Anhöhe thront, beeindruckt schon vom gegenüberliegenden Ufer in Arona. Auf unzählige Räume verteilt, beherbergt die Festung ein *Museum* für Puppen, Spielzeug und Spielautomaten aus aller Welt. Räume ohne Exponate glänzen mit der puren Pracht ihrer mittelalterlichen Fresken und alten Möbel. Wer die schmale Holztreppe in den Turm hochsteigt, wird mit einer überwältigenden Aussicht belohnt. Im restaurierten Scaliger-Flügel werden Ausstellungen zeitgenössischer Kunst

INSIDER-TIPP
Neue Kunst in alten Gemäuern

Von außen ein imposantes Trumm, innen eine Vielzahl an Museen: Rocca di Angera

präsentiert. *Mitte April–Okt. tgl. 10–18 Uhr | isoleborromee.it | 1½ Std. | D7*

### 27 SANTA CATERINA DEL SASSO

Im Jahr 1170 geriet der Kaufmann Albertus Besozzi bei einem Sturm in Seenot. Er schwor der hl. Caterina von Alexandrien, im Fall seiner Rettung fortan als Eremit zu leben. Tatsächlich zog er danach in eine Felshöhle und wurde bald von der Bevölkerung als Heiliger verehrt. Rund um seine Grotte entstand ein Kloster, das wie ein Schwalbennest am Felsen über dem See klebt. Noch mehr Seeblick gibt es bei der Anfahrt mit dem Linienboot *(navigazionelaghi.it). März–Okt. tgl. 9.30–19.30, Nov.–Feb. Mo–Fr 13.30–18, Sa/So 9.30–19.30 Uhr | santacaterinadelsasso.com | D6*

### 28 SASSO DEL FERRO

*Bidonvia* heißt die *Seilbahn (stark gestaffelte Zeiten s. Website | Via Tinelli 15 | Laveno | sassodelferro.com),* weil die engen Gondeln mit Platz für zwei Personen rund wie *bidoni,* Eimer, sind. Während der gut 15-minütigen Fahrt auf den 1062 m hohen Panoramaberg bemerkst du rasch: Nur Fliegen ist schöner. Wagemutige kehren daher mit dem Gleitschirm nach Laveno zurück. *E6*

### 29 VILLA DELLA PORTA BOZZOLO

Bei Casalzuigno an der Straße von Laveno ins Cuviatal liegt umgeben von grüner Wildnis die barocke Villen- und Parkanlage der Familie Porta, die es zu Geld und Adel gebracht hatte.

Großartige Terrassenanlagen im Park, prächtiger Ballsaal im Inneren. *März–Nov. Mi–So 10–18 Uhr | short.travel/ois5 | 45 Min. | E6*

### 30 ARCUMEGGIA

Der 30-Seelen-Ort oberhalb von Porto Valtravaglia ist ein malerisches Bergdorf – im wörtlichen Sinn: Seit 1957 hinterlassen zahlreiche Künstler ihre Werke an den Hausfassaden. Wenn du Glück hast, kannst du einem Maler bei der Arbeit zuschauen. In der *Locanda del Pittore (Mo geschl. | Via Malcotti 1 | Tel. 0 33 26 51 16 | €€)* genießt du lokale Gerichte wie frisch gekochte Risotti. *arcumeggia.it | E6*

### 31 MACCAGNO

Dank dem Fluss Giona, der im Lauf von Jahrtausenden eine Landzunge in den Lago Maggiore geschwemmt hat, verfügt der Ort über einen mehrere Hundert Meter langen Kiesbadestrand. Abwechslung ins Strandleben bringt das *Civico Museo Parisi Valle (Fr–*

Santa Caterina del Sassos spektakuläre Lage erschließt sich am besten bei Anfahrt per Boot

*So 15–19, Sa/So auch 10–12 Uhr | Via Giampaolo 1 | museoparisivalle.it | ⏲ 1 Std.),* das unübersehbar in einem Stahlbetonbau auf einer Brücke an der Flussmündung thront. Es zeigt Werke italienischer Künstler des 20. Jhs. und Fundstücke aus dem Spätmittelalter, als Maccagno das Privileg genoss, eigene Münzen prägen zu dürfen. *F4*

## ESSEN & TRINKEN

### ALBERGO RISTORANTE SOLE

Wenn du in *Sesto Calende* vom Kai am Flussufer in den kleinen Innenhof trittst, glaubst du dich eher bei Freunden auf dem Land, so herzlich und aufmerksam ist die Bedienung, so rustikal italienisch die Atmosphäre. *Di geschl. | Ruga del Porto Vecchio 1 | Tel. 03 31 91 30 92 | solesesto.it | €€ | E8*

### RISTORANTE TIFFANY

Das Lokal in *Luino* mit toller Seeterrasse setzt auf das Null-Kilometer-Prinzip: Forelle, Hecht und Barsch kommen aus dem See, Bresaola oder Ziegenkeule aus den umliegenden Bergen. *Tgl. | Via Palazzi | Tel. 03 32 51 08 55 | caminhotel.com | €€€ | F5*

### FATTORIA ROCCOLO

Die Anfahrt zu diesem abgelegenen Landgasthof an der Straße von Dumenza nach Curiglia lohnt sich – allein schon wegen der Aussicht auf das Veddascatal. Dazu servieren Pinuccia und Albino Bucher Gerichte mit Produkten aus eigener landwirtschaftlicher Produktion. Wer nach dem Abendessen nicht nach Hause will, kann in einem der vier Zimmer günstig übernachten. Reservieren! *Tgl. | Dumenza | Tel. 03 32 56 84 77 | fattoriaroccolo.com | € | F4*

## SHOPPEN

### MARKT IN LUINO

Jeden Mittwoch verwandelt sich das Kleinstädtchen mit seiner von imposanten Platanen gesäumten Uferpromenade in ein Meer von Ständen mit Lederwaren, Haushaltsartikeln, Nahrungsmitteln und allerlei Krimskrams. Der *mercato* existiert seit 500 Jahren und ist ziemlich überlaufen. Wegen mangelnder Parkplätze reist man besser mit dem Schiff an – die *Navigazione Laghi* setzt für den Markttag Extrafahrten ein. *F5*

# RUND UM DIE COSTA FIORITA

### 32 PARCO DEL TICINO

*Parkbeginn bei Sesto Calende am südlichen Ende der Costa Fiorita*

Die grüne Lunge der Metropole Mailand, der Parco Lombardo della Valle del Ticino, das Naturschutzgebiet der Flusslandschaft des Ticino, reicht vom Seeende in Sesto Calende über 50 km in den Süden bis zur Mündung in den Po bei Pavia. Es ist ein Erlebnis, unter Pappeln und Weiden an den ehemaligen Schifffahrtskanälen entlangzustreifen, zu sehen, wie sich der Fluss in unzählige Äste verzweigt, sich seinen Weg sucht und eine Oase der Ruhe und der Langsamkeit geschaffen hat. In dieser urwüchsigen Landschaft nisten viele Vogelarten. Ab Somma Lombardo folgst du den Wegen, auf denen im 19. Jh. Pferde leere Kähne aus Mailand zurück zum Lago Maggiore zogen. Man kann den Park mit dem Auto ansteuern, schöner ist es aber, ab Sesto Calende auf dem Uferssträßchen mit dem Rad auf Entdeckungsreise zu gehen (Auskünfte über Fahrradverleih bei der Parkverwaltung: *Tel. 02 97 21 02 22 | turismo.parcoticino.it). E8*

**INSIDER-TIPP**
**Radeln auf alten Treidelpfaden**

Der nördlichste Zipfel des Ostufers gehört zur Schweiz: Strandbad im Gambarogno

# GAMBAROGNO

*(F-G3)* **Dieser im Sommer sonnendurchflutete Landstrich am Ostufer des Sees gehört zur Schweiz.** Gut ausgeschilderte Wanderwege ziehen sich 200 km lang durch Kastanienwälder, Buchenhaine, Schilflandschaften und entlang der Strände. Die gelb und rot gestrichenen Häuser in den Dörfern Magadino, Vira, San Nazzaro, Gerra und Caviano muten schon sehr italienisch an.

## ZIELE IM GAMBAROGNO

### 33 BOLLE DI MAGADINO

Ein noch weitgehend natürliches Flussdelta: Die Sumpflandschaft auf den Schwemmebenen der Flüsse Verzasca und Ticino ist ein Naturschutzgebiet, in dem rund 300 Vogelarten nisten. *Führungen April–Okt., Juli/Aug. auch mit dem Ruderboot | Tel. 09 17 95 31 15 | bolledimagadino.com* oder *Tourismusbüro Gambarogno | Vira | Tel. 03 48 09 10 91 | gambarognoturismo.ch | G3*

### 34 PARCO BOTANICO DEL GAMBAROGNO

Der Baumzüchter Otto Eisenhut hat bei Vairano einen prachtvollen Garten mit Kamelien (über 1000 Sorten!), der weltgrößten Magnoliensammlung, Azaleen und Zitruspflanzen (500 Sorten) geschaffen. Magnolien entstanden zur gleichen Zeit wie die Dinosaurier, vor 100 Mio. Jahren – auch ein Grund, die über 650 Sorten dieser prächtigen Blütenbäume hier zu bewundern. *Tgl. 9–18 Uhr | parcobotanicogambarogno.ch | F3*

INSIDER-TIPP
Botanischer Methusalem

### 35 INDEMINI

In engen Gässchen schmiegen sich Torbögen, Steinhäuser, Holzlauben aneinander. Das knapp 1000 m hoch gelegene Indemini im (sonst italienischen) Veddascatal bewahrt seinen Charakter als uriges Bergdorf. Dazu trug die lange Abgeschiedenheit bei: Erst seit 1917 führt die Passstraße über die Alpe di Neggia aus dem Gambarogno in den Ort hinauf, die Straße auf italienischer Seite entstand sogar erst 1964. Statt auf Schmuggel setzt man heute auf sanften Tourismus. Im gemütlichen *Ristorante Grotto Indeminese (Ostern–Okt. tgl. | Tel. 09 17 95 12 22 | €€)* tischen Fausto und Orietta Stärkendes auf. F3

## ESSEN & TRINKEN

### GROTTO LA BAITA

In diesem Grotto in Magadino-Orgnana trifft man dank Tessiner Spezialitäten zu erschwinglichen Preisen viele Einheimische. *Tgl. | Via Orgnana 75b | Tel. 09 17 80 43 38 | grottolabaita.ch |* €€ | G3

### LA FOSANELLA

Die Aussicht von der Terrasse im Weiler *Fosano* auf einem Plateau hoch über Vira ist ebenso ein Genuss wie die traditionelle Tessiner Küche. Reservieren! *Mi und So geschl. | Tel. 09 17 95 16 16 | fosanella.ch | €€ |* G3

# BELLINZONA

*(□ H2)* **Drei mächtige Burgen, elegante Palazzi aus der Zeit der Renaissance und die barocke Kirche Santi Pietro e Stefano verleihen der Stadt lombardisches Flair – Hinterlassenschaften der Mailänder Visconti und Sforza, die hier zwischenzeitlich herrschten.**

Die heutige Hauptstadt des Kantons Tessin (43 000 Ew.) war aufgrund ihrer Lage als Zugang zu den Alpenpässen St. Gotthard, Lukmanier und San Bernardino seit jeher von großer strategischer Bedeutung und daher jahrhundertelang aufwendig befestigt. Die Burgen gehören heute zum Unesco-Weltkulturerbe.

## SIGHTSEEING

### BURGEN

Mit Zugbrücken, Türmen und zinnenbewehrten Mauern bildeten die Burgen Castelgrande, Montebello und Sasso Corbaro einen mächtigen Verteidigungswall. Im *Museo Castelgrande (April–Okt. tgl. 10–18, Nov.–März 10.30–16 Uhr)* dokumentieren Funde die 7000 Jahre andauernde Besiedlung. Tessiner Küche genießt du im Gewölbekeller oder auf der Terrasse des *Grottos San Michele (tgl. | Salita al Castello | Tel. 09 18 14 87 81 | castelgrande.ch | €€)* mit Blick auf die Burgmauern und Weinberge.

Im Innern von *Montebello (April–Okt. tgl. 10–18 Uhr | Via Artore 4)* illustrieren Filme und lokale Alltagsgegenstände das Leben vor 1000 Jahren.

INSIDER-TIPP **Kein Käse: Mach deine eigene Wurst**

Bei der Herstellung der Salami, die hier in den Burgkellern reift, kannst du mitwirken *(ticinella.com).* In der Burg *Sasso Corbaro,* die über der Stadt thront, finden wechselnde Ausstellungen und Messen statt. Im viereckigen Innenhof bewirtet die *Osteria Sasso Corbaro (So-Abend und Mo geschl. | Tel. 09 18 25 55 32 | osteriasassocorbaro.ch | €€–€€€)* Gäste.

### VILLA DEI CEDRI

Die klassizistische Villa mit schönem Park und Weinberg ist Sitz eines Kunstmuseums mit Werken von Tessiner, Schweizer und lombardischen Künstlern des 19./20. Jhs. *Mi/Do 14–18, Fr–So 10–18 Uhr | Piazza San Biagio 9 | villacedri.ch | ⏲ 1 Std.*

## ESSEN & TRINKEN

### CANTININ DAL GATT

Typische Tessiner Küche mit reichlich vegetarischen Alternativen. *So/Mo geschl. | Vicolo al Sasso 4 | Tel. 09 18 25 27 71 | cantinindalgatt.ch | €€–€€€*

### RISTORANTE OSTELLO CURZÚTT

In den Hügeln von Monte Carasso liegt dieser Komplex aus restaurierten *rustici,* den typischen Tessiner Steinhäuschen, der von Monte Carasso mit der Standseilbahn in fünf Minuten oder nach einer einstündigen Wanderung zu erreichen ist. Ein beliebter, kinderfreundlicher Ort mit saisonaler Küche aus lokalen Zutaten. *So-Abend geschl. | Tel. 09 18 35 57 23 | curzutt.ch | €–€€*

Castelgrande: Bilderbuchburg mit zinnenbesetzter Mauer und toller Terrasse im Grotto

## SHOPPEN

In der Altstadt vor der Kirche Santi Pietro e Stefano findet mittwochs *(10–17 Uhr)* und samstags *(7.30–13 Uhr)* ein bunter *Markt* mit Tessiner Feinkost, aber auch Schmuck und Kleidung statt. Auf dem Markt kann man auch preiswert mittagessen.

## SPORT & SPASS

### PALESTRA DI ROCCIA SAN PAOLO

Klettergarten mit Mehrseillängenrouten und Boulderfelsen 1 km nördlich vom Bahnhof. *Via Pedemonte 58 | arrampicata-sanpaolo-bellinzona.ch*

### ALPHABOULDER GIUBIASCO

Seilfreies Klettern auf Absprunghöhe in fünf Schwierigkeitsgraden direkt beim Bahnhof des Nachbarorts *Giubiasco. Viale Stazione 19 | alphaboulder.ch*

### PONTE TIBETANO CARASC

Am Berghang oberhalb der Magadinoebene führt eine schöne, vierstündige Rundwanderung an Weingütern vorbei zum restaurierten Bergdorf *Curzútt.* Ein Höhepunkt ist dabei die Überquerung dieser 270 m langen, schwankenden Hängebrücke. *carasc.ch*

## FESTE

### RABADAN

Bellinzona ist eine Karnevalshochburg, in der Faschingszeit kommen von weit her Gäste zum bunten Spektakel angereist: Maskenumzüge und Wettbewerbe, Tauziehturniere, Straßentheater und die traditionellen *risottate,* die Risottoessen. *rabadan.ch*

# LUGANER SEE

## METROPÖLCHEN IN SCHÖNSTER SEELANDSCHAFT

**Die üppig blühenden Kamelien, Rhododendren und Mimosen vor dem Hintergrund steiler Hänge mit Bergdörfern und der fjordähnlichen Seelandschaft führten Hermann Hesse einst zur literarischen Schaffenskraft zurück. Der Schriftsteller lebte über 40 Jahre in Montagnola bei Lugano.**

Heute blickt man von Hesses Lieblingsplatz auf Autobahnen und Einkaufszentren. Auch wenn die überschäumende Natur am Luganer See, in Italien Ceresio genannt, in Parzellen gezwängt und von Straßen und

Am markanten Profil seines Hausbergs klar zu erkennen: Dies ist Lugano

Häusern zerschnitten ist, hat die Landschaft um den kleinsten der drei großen Seen ihren Zauber keinesfalls verloren. Da hat sich zwar die reiche Stadt Lugano in ihrer Bucht ohne ästhetische Rücksichtnahme breiter und breiter gemacht, da donnern jährlich rund 10 Mio. Lastwagen und PKW auf der Gotthardautobahn am Seeufer entlang. Doch wer von einem der phantastischen Aussichtspunkte auf die grüne Landschaft blickt, auf den strahlt der vielfingrig gewundene See weiter seine Magie aus.

# LUGANER SEE

## MARCO POLO HIGHLIGHTS

★ **VIA NASSA IN LUGANO**
Lässig und elegant – hier zeigt sich das kleine Lugano großstädtisch selbstbewusst ➤ S. 79

★ **GANDRIA**
Ins Fischerdorf am Sonnenhang spazieren und auf romantischen Terrassen über dem See essen ➤ S. 85

★ **MONTE SAN SALVATORE**
Den Panoramablick auf Stadt und See von Luganos Hausberg genießen ➤ S. 80

★ **KREUZIGUNGSFRESKO**
Bildgewaltig: Bernardino Luinis monumentales Gemälde in Luganos Santa Maria degli Angioli ist das schönste Renaissancewandbild der Schweiz ➤ S. 79

★ **MONTAGNOLA & COLLINA D'ORO**
Inspiriert und mit seinen Gedichten im Ohr zu den Lieblingsorten von Hermann Hesse spazieren ➤ S. 88

★ **MORCOTE**
Tessiner Sonnenstubenromantik, in der Realität schöner als auf jedem Post auf Instagram ➤ S. 89

★ **MONTE GENEROSO**
Mit der Zahnradbahn zum 360-Grad-Ausblick über Alpengipfel, Flusstäler und Seenbecken ➤ S. 92

3 Splash & Spa Tamaro
Isone
SCHWEIZ/SUISSE/
SVIZZERA/SVIZRA
Vegna - Monti Finsuè
Camignolo
Bogno
Cavargna
Insone
25 km, 50 Min.
Sigirino
Buggiolo
1 Tesserete
2 Ponte Capriasca
Malcantone
Cadro
2
Cadempino
7
Porlezza
TICINO
Albogasio
340
Kreuzgangsfresko ★
Via Nassa ★
6 Gandria ★
Osteno
Lugano
S.78
Lago di Lugano
Monte San Salvatore ★
Ponna Superiore
10 Montagnola ★
20 km, 30 Min.
10 Collina d'Oro ★
35 km, 50 Min.
9 Campione d'Italia
Grancia
Arogno
Carona 11
50 Min.
8 Swissminiatur Melide
Figino
Argegno
Maroggia
12 Morcote ★
Monte Generoso ★ 14
Brienno
16 Monte San Giorgio
15 Riva San Vitale
Porto Ceresio
Cabbio
Mendrisiotto
S.90
Bruzella
Arzo
2
Viggiù
Mendrisio 13
Urio
Museo Vela 17
340
Genestrerio
2
Morbio Inferiore
Baraggia
Stabio
Cernobbio
Lago di Como
Blevio
Bizzarone
Ronago
18 Chiasso

# LUGANO

*(⊞ G5)* **„Addio bella Lugano" lautet der Titel eines bekannten Lieds, das die Emigranten einst sangen. Noch heute ist Lugano am schönsten, wenn man der Stadt den Rücken zukehrt und über den See nach Süden schaut.**

Weich spiegelt die Wasseroberfläche die bewaldeten Berghänge, leuchtend in kristallenem Licht. „Die Landschaft – der Golf mit dem Monte Brè und dem San Salvatore – hat eine Kraft, die auch die Spekulation nicht hat zerstören können", sagt Mario Botta, der berühmte Architekt. Zwar wuchern die Villen bis weit den Brè hinauf. Doch dem Berg haben sie letztlich nichts anhaben können.

So kann man die Herkunft des Namens der Stadt Lugano noch immer gut nachvollziehen: Vom lateinischen *lucus,* geweihter Wald, soll er herrühren. Einst ein einfaches Bauern- und Fischerdorf, später ein Handels- und Marktstädtchen mit regionaler Bedeutung, erlebte Lugano als Zufluchtsort vieler italienischer Politiker und Intellektueller im 19. Jh. eine erste kulturelle Blütezeit.

Der ab 1850 einsetzende Tourismus, vor allem aber der Anschluss an die Gotthardbahn, die 1882 ihren Betrieb aufnahm, besiegelten den Aufstieg der südlichsten Stadt der Schweiz zur wirtschaftlichen Metropole des Kantons. Ihren Reichtum verdankt die 68 000-Ew.-Stadt nicht zuletzt ihrem Status als drittgrößter Finanzplatz der Schweiz. Die vielen Banken und Treuhandfirmen prägen das Bild der Altstadt mit ihren malerischen Gassen, Winkeln und Arkaden. Aber auch Kultur, Unterhaltung und Bildung kommen mit Museen, Radio- und TV-Stationen und der seit 1996 bestehenden Universität zur Geltung.

Heute zeichnet sich Lugano durch eine Mischung aus schönen Plätzen und Parks, sehenswerter alter Bausubstanz, aus Bausünden, moderner Architektur und scheinbar planloser Stadtentwicklung aus. Doch obwohl in den letzten Jahrzehnten das eine oder andere Viertel ohne große Hemmungen abgerissen wurde, lassen sich nach wie vor charakteristische, noch nicht auf Hochglanz polierte Ecken entdecken. Neue Blickwinkel auf unsere Umwelt ermöglichen die von Arte Urbana Lugano seit 2010 initiierten Street-Art-Kunstwerke wie das Mural „Close Up" zweier junger Tessiner Künstler *(Viale Franscini 27).* Einen Plan zu Luganos Street-Art bekommst du bei der Touristeninformation.

**INSIDER-TIPP**
**Wale in der Stadt?!**

### WOHIN ZUERST?

Ob du mit dem Auto oder per Bahn anreist: Der **Bahnhof** ist der beste Ausgangspunkt. Dort kannst du dir zuerst von oben eine Übersicht verschaffen und dann durch die autofreien Gassen via Kathedrale in die Altstadt an den See hinunterschlendern. Oder du nimmst die Standseilbahn *(funicolare)* hinunter zur zentralen Piazza Cioccaro.

Die Einkaufsgasse Via Nassa mündet auf das schöne Platzdoppel Piazza Riforma/Piazza Manzoni

## SIGHTSEEING

### SAN LORENZO

Luganos Kathedrale auf dem Weg zwischen Bahnhof und Altstadt wurde schon ab 818 im romanischen Stil erbaut. Seitdem wurde der Altarraum versetzt und die Kirche vergrößert und haben zudem Renaissance und Barock ihre Spuren hinterlassen. Stets geblieben ist die traumhafte Aussicht über den See. *Via Borghetto 1*

### VIA NASSA ★

Einst war die rund 500 m lange Straße der Ort, wo die Fischer sich trafen und ihre Ware verkauften – daher auch der Name *nassa,* auf Deutsch „Reuse". Mit diesem alten Netzsystem wurden nämlich die Fische gefangen. Der Handel in der autofreien Via Nassa mit ihren schönen Arkaden ist so alt wie die Straße selbst. Heute wird in den exklusiven Modeboutiquen, Uhren- und Schmuckgeschäften alles angeboten, was das Herz begehrt – falls das Portemonnaie mithält. Zum Glück sind aber auch Geschäfte für alltäglichere Bedürfnisse dabei. So lockt etwa die Buch- und Schreibwarenhandlung *Wega* in Hausnummer 21 seit 1935 internationale Kundschaft an. Auf einen Schwatz mit Besitzer Ernst Fuchs kam jahrzehntelang auch Literaturnobelpreisträger Hermann Hesse vorbei.

### SANTA MARIA DEGLI ANGIOLI

Hinter einer recht unscheinbaren Fassade verbirgt die romanische Kirche am südlichen Ende der Via Nassa eindrucksvolle Fresken aus dem 16. Jh. Das riesige ★ *Kreuzigungsfresko* ist das letzte Werk des lombardischen Malers Bernardino Luini (1480–1532);

es gilt als das schönste und berühmteste Renaissancefresko der Schweiz. Von Luini stammen auch die Wandbilder in der vierten Kapelle und das Abendmahlsfresko auf der linken Wand des Kirchenschiffs. *Piazza Bernardino Luini*

## CENTRO CULTURALE LAC

Das 2015 eröffnete Kunst- und Kulturzentrum „Lugano Arte e Cultura" am südlichen Ende der Via Nassa ist Luganos neues Wahrzeichen. Im Flügel MASI Lugano LAC sind die Prunkstücke der städtischen Kunstsammlung ausgestellt; außerdem finden regelmäßig spannende Wechselausstellungen renommierter Künstler statt. Im 1000 Zuschauer fassenden Auditorium werden auch Theatervorstellungen, Ballette und Konzerte aufgeführt. *Piazza Bernardino Luini 6 | luganolac.ch | 1 Std.*

## MONTE SAN SALVATORE ★

Einer alten Legende nach rastete Jesus auf seinem Weg in den Himmel auf dem 912 m hohen Gipfel, daher sein Name San Salvatore – hl. Erlöser. Mit der *Standseilbahn (stark gestaffelte Zeiten s. Website | montesansalvatore.ch)* gelangst du in zwölf Minuten auf Luganos zweiten Hausberg. Die spektakuläre Rundsicht ist vom Dach der *Kirche San Salvatore* sogar noch besser. Das Museum auf dem Gipfel zeigt Fossilien und informiert über die Blitz- und Höhlenforschung am Berg, der sieben Höhlen hat, darunter die sagenumwobene Schatzgrotte. Eine klassische Wanderung führt in knapp anderthalb Stunden vom San Salvatore durch den Kastanienwald hinunter ins Dorf Carona, eine Höhenwanderung ins malerische Morcote.

### MASI LUGANO

Das Museo d'Arte della Svizzera Italiana vereint die beiden städtischen Kunstmuseen und hat sich (auch dank des neuen zweiten Standorts LAC) zu einem der beliebtesten Kunstmuseen der Schweiz entwickelt. Die permanente Sammlung des Museums umfasst Gemälde, Skulpturen und Fotografien aus dem 19. und 20. Jh. von Tessiner Künstlern und von Vertretern der europäischen Moderne. *Di/Mi und Fr 11–18, Do 11–20, Sa/So 10–18 Uhr | Palazzo Reali, Via Canova 10 | masilugano.ch | ⏲ 1 Std.*

### VILLA CIANI

Der neoklassizistische Prachtbau im Stadtpark war im 19. Jh. Treffpunkt italienischer Widerstandskämpfer gegen das österreichische Regime. Seit 1912 gehört die Villa der Stadt, die hier regelmäßig Wechselausstellungen mit geschichtlichem Hintergrund kuratiert. Der umliegende Park am Seeufer lädt zum Dolcefarniente ein. Architekturfans finden am Ostrand des Parks eine Perle der klassischen Moderne im Tessin: die 1942 von Rino und Carlo Tami erbaute Kantonsbibliothek.

### MONTE BRÈ

Der 933 m hohe Berg schließt die Bucht von Lugano nach Osten hin ab. Als markanter Kegel erhebt er sich über dem See. Eine *Standseilbahn (Kernzeit tgl. 9–18, Juli/Aug. Fr/Sa bis 23 Uhr | montebre.ch)* bringt dich ab Lugano-Cassarate auf den Gipfel. Oben wartet ein Restaurant mit schöner Aussichtsterrasse. Ein Spaziergang führt in 15 Minuten ins hübsche Dorf *Brè*, ein abwechslungsreicher Wanderweg in zweieinhalb Stunden zu sieben Sehenswürdigkeiten und zurück zur Talstation.

INSIDER-TIPP
**Sieben auf einen Streich erwandern**

## ESSEN & TRINKEN

### GRAND CAFÉ AL PORTO

Politiker, Stars und Geheimagenten gaben sich in Luganos Salon die Klinke in die Hand. Sogar die Kapitulation der Deutschen in Norditalien wurde hier auf einem Geheimtreffen beschleunigt. Heute überzeugen die leckeren Lunchmenüs und das erstklassige Feingebäck. *Mo–Sa 8–18.30 Uhr | Via Pessina 3 | grand-cafe-lugano.ch*

### LA TINÈRA

Wahre Tessiner Küche entdeckt, wer sich in dieser Seitengasse in der Nähe der Piazza Riforma durch einen unscheinbaren Eingang in den Keller begibt. Das einfache Lokal hat faire Preise und die Polenta, Kaninchen, *luganighe* und der Risotto schmecken garantiert. *So geschl. | Via dei Gorini 2 | Tel. 09 19 23 52 19 | tineralugano.business.site | €*

### BOTTEGONE DEL VINO

Schlichtes Interieur, lange Tafeln, eine kleine Auswahl täglich wechselnder Gerichte und viel Wein – was will man mehr? Das finden auch die *luganesi,* weshalb das kleine Lokal fast immer voll ist. *So geschl. | Via Massimiliano Magatti 3 | Tel. 09 19 22 76 89 | Facebook | €€*

### ANTICA OSTERIA DEL PORTO

Auf dem Delta des Flüsschens Cassarate zwischen Stadtpark und Freibad gelegen, ist diese Restaurant-Bar-Kombi dank der großzügigen Terrasse ein beliebter Treffpunkt am See. *Tgl. | Via Foce 9 | Tel. 09 19 71 42 00 | anticaosteriadelporto.ch | €€*

### CANVETTO LUGANESE

Man speist in einem schönen Hof. Alle Zutaten sind frisch und kommen von einem Bauernhof, der einer Stiftung gehört. Die Karte wechselt mit den Jahreszeiten. *So/Mo geschl. | Via Simen 14b | Tel. 09 19 10 18 90 | canvettoluganese.ch | €*

### GROTTO MORCHINO

Kurz vor Pazzallo, oberhalb von Lugano-Paradiso, liegt im Wald versteckt dieses gemütliche Gasthaus. Mit vielen Nudelgerichten ist die Küche sehr italienisch. Eine Spezialität ist auch Fohlenschnitzel. *Mo geschl. | Via Carona 1 | Pazzallo | Tel. 09 19 94 60 44 | morchino.ch | €–€€*

## SHOPPEN

Die Innenstadt von Lugano mit ihren zahllosen Geschäften und Boutiquen eignet sich bestens für einen Shoppingbummel. Samstags findet auf der Piazzetta San Rocco ein stimmungsvoller *Floh- und Antiquitätenmarkt* statt. Wer sich mit lokalen Delikatessen eindecken will, schaut bei *Gabbani (Via Pessina 12 | gabbani.com)* vorbei: Hier gibt es Wein, Wurstwaren, Früchte, Käse oder *Bisbino*, einen Biogin mit Bergkräutern aus dem Muggiotal. Das Uhren- und Schmuckgeschäft *Gold Time (Via Luvini 4 | goldtime.ch)* führt rund 20 klangvolle Marken. Eine große Auswahl an Koffern und Lederwaren präsentiert seit 1905 die *Pelletteria Poggioli (Via Luvini 5 | poggiolipelletteria.ch)*, feine Schweizer Schokolade findest du bei *Laederach (Via Pessina 17 | laederach.com)*.

INSIDER-TIPP
**Hexerei mit Gin**

## SPORT & SPASS

### SEERUNDFAHRTEN

Ab Lugano starten von April bis Oktober verschiedene Ausflüge per Schiff: ob nach Porto Ceresio, Gandria oder Morcote, ob als sogenannte Grotti Tour zum Abendessen oder tagsüber zum Shopping nach Ponte Tresa – das Panorama fasziniert bei Tag wie bei Nacht. *lakelugano.ch*

### FOXTRAIL

Bei dieser Schnitzeljagd durch Lugano heißt es clever kombinieren. Die Rätseltour führt in ca. zweieinhalb Stunden kreuz und quer durch die Stadt. Wer der Spur der Füchse folgen will, bucht unter *foxtrail.ch* und holt sein Ticket am Bahnhof ab. Geeignet für Kinder ab acht Jahren.

### SKATEPARK LUGANO

Beim Stadion Cornaredo treffen sich die Skater auf schnellen Bahnen, deko-

Schöner schwimmen, baden mit Bergblick: Luganos Lido ist ein Traum für alle Wasserratten

rien von jungen Kunstsprayern aus der Schweiz und Italien. *Tgl. 9–22.30 Uhr | Via Trevano 90 | skateparklugano.ch*

### VIA FERRATA

Der Klettersteig am Monte San Salvatore erlaubt es auch Nichtalpinisten, sich an schwierige Felswände zu wagen – Hilfsmittel wie Stahlseile, Stufen und Felshaken machen es möglich. Allerdings ist er anspruchsvoll und daher nicht für Anfänger geeignet. *Einstieg bei der Mittelstation der San-Salvatore-Bahn | ferratasansalvatore.ch*

## STRAND

### LIDO LUGANO

Das Strandbad ist vom Zentrum Richtung Castagnola in wenigen Minuten zu Fuß erreichbar. In der Abenddämmerung verwandelt sich die Terrasse des Restaurants in eine stimmungsvolle *Bar (Do–Sa bis 1 Uhr | allidobar.com).* An manchen Sommerabenden gibt es Kino unterm Sternenhimmel mit Filmklassikern. *Mai–Mitte Sept. tgl. 9–19.30 Uhr | Via Castagnola 6*

## AUSGEHEN & FEIERN

### CASINÒ LUGANO

Das Spielcasino lockt in schönster Lage auf vier Etagen mit dem wohl abwechslungsreichsten Angebot der Schweiz. Wer nicht zocken will, kann vom Restaurant aus den phantastischen Blick auf den See und den Monte San Salvatore genießen. *So–Do 12–4, Fr/Sa 12–5 Uhr | Via Stauffacher 1 | casinolugano.ch*

### SEVEN LUGANO

Mit Lounge, Restaurant und Club eine All-in-one-Lösung für die Abendgestaltung. Im Club legen lokale und internationale DJs auf. *Via Stauffacher 3 | seven.ch*

# RUND UM LUGANO

## 1 TESSERETE

*10 km nördlich von Lugano/20 Min. über Sureggio*

Der hübsche Hauptort des Capriascatals liegt in einem sonnigen Talkessel. Auffällig ist die imposante Pfarrkirche *Santo Stefano* aus dem 15. Jh. mit reichem Schmuck im Inneren; der Turm stammt noch vom romanischen Vorgängerbau. Tesserete ist Ausgangspunkt einer etwa sechsstündigen Höhenwanderung über dem noch fast unberührten Tal *Valcolla* auf den *Monte Bar* (1816 m). *H4*

## 2 PONTE CAPRIASCA

*10 km nördlich von Lugano/25 Min. über Massagno und Cureglia*

Das Dorf wartet mit einer kunsthistorischen Sensation auf: der weltweit wohl besten Kopie von Leonardo da Vincis berühmtem Abendmahl-Fresko („Cenacolo") in der Kirche *Sant'Ambrogio*. Einer Theorie zufolge stellte Leonardo seine Skizzen einem Schüler zur Verfügung, da er befürchtete, dass seinem Werk in Mailand keine lange Lebenszeit beschieden sein würde. *G4*

## 3 SPLASH & SPA TAMARO

*18 km nördlich von Lugano/20 Min. über die A 2*

Der Aquapark an der Autobahnausfahrt *Rivera* ist mehr als bloß ein Schlecht-

Am schönsten ist die Anfahrt per Schiff ins ehemalige Fischerdörfchen Gandria

wettertipp Turbo- und Trichterrutschen, künstliche Wellen zum Surfen und Lagunen, in denen tropische Regenstürme simuliert werden, versprechen unvergessliche Erlebnisse. *Tgl. 11–20.45 Uhr | splashespa.ch | G3*

### 4 MALCANTONE

*12 km bis Arosio nordwestlich von Lugano/30 Min. über Massagno und Gravesano*

Beim Besuch der stillgelegten *Goldmine von Sessa* oder der restaurierten *Hammerschmiede von Aranno* hat man das Gefühl, in dem dicht bewaldeten Gebiet zwischen Luganer See und Lago Maggiore stehe die Zeit still. Apropos Wald: Der 15 km lange *Sentiero del Castagno*, der Kastanienweg, ist einer der schönsten Wanderwege der Schweiz. Start- und Endpunkt befinden sich in *Arosio*, dem höchstgelegenen Dorf. Wanderer machen dort gern im *Grotto Sgambada (Mo geschl. | Tel. 09 16 00 32 42 | grottosgambada.ch | €)* halt. Wildschweingulasch oder Pannacotta mit Kastanien sind zwei gute Gründe für eine Einkehr. *F–G 4–5*

INSIDER-TIPP
**Durch Bergdörfer und Kastanienwälder**

### 5 PONTE TRESA

*12 km südwestlich von Lugano/20 Min. über Sorengo und Magliaso*

Das Grenzdörfchen gibt es gleich in doppelter Ausführung: einen Ortsteil auf schweizerischer Seite und einen auf der italienischen. Die Grenze bildet der Fluss Tresa, der den Luganer See Richtung Lago Maggiore entwässert. Die Brücke *(ponte)* verbindet beide Dörfer. Im italienischen Teil gibt es jeden *Samstag (8.30–17 Uhr)* einen farbigen *Markt*. In *Caslano* kurz vor Ponte Tresa öffnet die Schokoladenfabrik *Alprose (tgl. 9–17 Uhr | Via Rompada 36 | alprose.ch)* ihre Tore für Besucher. Das kleine Schokoladenmuseum ist eine süße Versuchung nicht nur für Kinder. *G5*

Museumsshops sind eh beliebt – für Caslanos Schokomuseum gilt das besonders

### 6 GANDRIA ★

*5 km östlich von Lugano/45 Min. mit dem Schiff*

Das ehemalige Fischerdörfchen, heute ein Ortsteil von Lugano, liegt am Fuß des Monte Brè unmittelbar am See. Die famose Terrassenlage sowie die hübsche Dorfarchitektur an der Sonnenseite des Sees machen Gandria zum milden Wintergarten für Romantiker. Du erreichst den Ort über eine zweistündige, einfache und blumengesäumte Uferwanderung ab Lugano, aber auch per Bus oder per Schiff. Der *Oliven-Lehrpfad* informiert über Geschichte, Kultivierung und Botanik der Olivenbäume, die früher an den Ufern verbreitet waren.

Am gegenüberliegenden Seeufer liegt das nur per Schiff zu erreichende *Cantine di Gandria;* in den Kellern hier lagerten die Dorfbewohner früher ihre Vorräte. In der alten Grenzstation erzählt das Zollmuseum *Museo Doganale Svizzero (April–Mitte Okt. Di–So 12–17 Uhr)* Geschichten rund um den Schmuggel. Neben Uniformen und sichergestellten Waffen werden die Tricks der Schmuggler gezeigt, so ein selbst gebautes U-Boot für den Schmuggel von Salami. Computerspiele führen in die moderne Grenzüberwachung im Kampf gegen Rauschgiftschmuggler und Dokumentenfälscher ein. *H5*

INSIDER-TIPP **Zocken gegen Schmuggler und Fälscher**

## 7 PORLEZZA

*15 km bis Porlezza östlich von Lugano/25 Min. über die Uferstraße*

Nach der holprigen und kurvenreichen Fahrt über die Landesgrenze erreichst du Porlezza (4100 Ew.) am nordöstlichen Seeende. Empfehlenswert für diesen Ausflug ist die im Sommerhalbjahr samstags angebotene Kreuzfahrt ab Lugano *(lakelugano.ch),* die einen anderthalbstündigen „Schnäppchenhalt" im italienischen Porlezza beinhaltet.

Wer ein bisschen Zeit hat, kann an diesem abgelegenen Arm des Luganer Sees durchaus Entdeckungen machen. Kurz vor Porlezza findet man bei *Cressogno* die kleine Wallfahrtskirche *Caravina (tgl. 7.30–19 Uhr).* Sie wurde im Inneren um 1660 komplett von lokalen Malern ausgemalt, die Fassade stammt aus dem Klassizismus – ein versteckt gelegenes Kleinod barocker

### VIELE SEEN, ZWEI STAATEN

Kulturell und sprachlich merkt man kaum einen Unterschied, wenn man von Como nach Chiasso oder von Cannobio nach Ascona fährt: Die Kirchen sehen genauso aus und der Dialekt ist (fast) der gleiche. Und doch verlässt man einen Staat und ein Währungsgebiet, kommt von Italien in die Schweiz und vom Euroland ins Frankenland. Im Kanton Tessin liegen die nördlichen Teile des Lago Maggiore und des Luganer Sees. Auf italienischer Seite gehören der Ortasee sowie das Westufer des Lago Maggiore zur Region Piemont. Das Ostufer des Lago Maggiore, der östliche Arm des Luganer Sees und die anderen Seen (Lago di Varese, Comer See sowie die kleinen Lago di Comabbio und Lago di Monate) sind Teil der Region Lombardei. Dem größten See Oberitaliens, dem viel weiter östlich gelegenen Gardasee, widmet MARCO POLO einen eigenen Band.

Einmal durch die ganze Schweiz in zwei Stündchen? Im Swissminiatur geht das locker

Kirchenkunst. Einfache Speisen serviert gleich nebenan das *Ristoro del Pellegrino (Mo geschl. | Tel. 0 34 46 90 22 | €)*.

Westlich von Cressogno liegt *San Mamete* mit mittelalterlichem Ortskern. Hier lohnt der 60-minütige, steile Fußweg nach *Castello,* ein befestigter Weiler, der wie ein Krähennest rund 450 m über dem See schwebt und großartige Ausblicke auf diesen bietet. *H–J4*

## 8 SWISSMINIATUR MELIDE

*8 km südlich von Lugano/15 Min. über die Uferstraße*

Verschneite Gipfel, Burgen, Kirchen, typische Gebäude, Bahnen, Dampfschiffe – alles, was zum Bild der Schweiz gehört, ist hier versammelt. Die gut 120 Modelle sind detailgetreu im Maßstab 1:25 nachgebildet. Eine 3560 m lange Modellbahn mit 18 Zügen schlängelt sich durch den Park. Kurios: Die Forellen im Teich sind größer als die Mini-Rheinschiffe ... *Mitte März–Okt. tgl. 9–18 Uhr | swissminiatur.ch | 2 Std. | G5*

## 9 CAMPIONE D'ITALIA

*12 km südöstlich von Lugano/20 Min. über die Uferstraße*

Seit 2022 rollt die Kugel wieder in Europas größtem Spielcasino *(casinocampioneditalia.it)* – versuch dein Glück bei Roulette, Poker, Black Jack oder an einer der 500 Slotmaschinen. Mario Bottas imposantes Casinogebäude dominiert das Seeufer – wie auch das Casino als größter Arbeitgeber die Wirtschaft der italienischen Enklave im Tessin beherrscht, die erst seit 2020 zum Zollgebiet der EU gehört.

700 Stufen musst du hinaufschnaufen zu Morcotes Santa Maria del Sasso – aber die lohnen!

Im Mittelalter war Campione für seine Baumeister, Steinmetze und Architekten, die Maestri Campionesi, berühmt, die in Italien und der Schweiz wirkten. Zu sehen gibt es die Wallfahrtskirche *Santa Maria dei Ghirli* mit Renaissancefresken und Wechselausstellungen in der kleinen *Galleria Civica (Mo–Fr 10–12, Do auch 14.30–16.30, Sa 10–13 und 14–17 Uhr | Piazza Maestri Campionesi 4 | ⏲ 45 Min.)* in einer ehemaligen Kirche. *campioneitalia.com | 🕮 H5*

## 10 MONTAGNOLA & COLLINA D'ORO ★

*6 km südwestlich von Lugano/15 Min. über Gentilino*

Es fehlt nur ein frisches Farbband und Hermann Hesse (1877–1962) könnte sich hinsetzen und losschreiben: Brille, Tisch und Schreibmaschine stehen bereit im kleinen, liebevoll gestalteten Museum in der Torre Camuzzi im Dorf *Montagnola*. Hier lebte der Nobelpreisträger gut vier Jahrzehnte lang und schuf seine bedeutendsten Werke. Im *Museo Hesse (März–Okt. tgl., Nov.–Feb. Sa/So 10.30–17.30 Uhr | hessemontagnola.ch | ⏲ 1 Std.)* finden regelmäßig Ausstellungen und Lesungen statt. Das originelle Gebäude wurde 1855 von Agostino Camuzzi erbaut – mit dem Honorar, das er von Zar Nikolaus I. für seine Mitwirkung an der Eremitage in Sankt Petersburg erhalten hatte.

Es ist in den *Hermann-Hesse-Weg* eingebunden, auf dem du die aussichtsreiche *Collina d'Oro* erkunden kannst. Dank Audioguide hörst du Hesses Gedichte und ihn selbst genau dort, wo du ihn vor 80 Jahren hättest antreffen können. Endpunkt des Spaziergangs ist die Kirche *Sant'Abbondio* in *Gentilino* mit einer herrlichen Zypressenallee. Auf dem Friedhof liegt nicht nur Hesse begraben, sondern auch der Dadaist Hugo Ball (1886–1927) und dessen Gefährtin Emmy Ball-Hennings (1885–1948).

Stimmungsvolle Grotti in Montagnola sind das *Grotto del Cavicc (Di-Mittag und Mi-Mittag geschl. | Via ai Canvetti 19a | Tel. 09 19 94 79 95 | grottocavicc.ch | €€)*, wo schon Hesse gern einkehrte, oder das *Grotto Circolo Sociale (Mi geschl. | Via ai Canvetti 13 | Tel. 09 19 94 69 19 | grottocircolosociale.ch | €)* *G5*

## 11 CARONA

*10 km südlich von Lugano/20 Min. über Lugano-Paradiso und Carabbia*

Hoch über dem See mit großartigem Blick auf das Massiv des Monte Generoso liegt das Dorf auf einem Plateau der Ceresio-Halbinsel. Der schon 926 erwähnte Ort besaß im Mittelalter als eigenständige Republik gewisse Privilegien und ist berühmt für seine Künstlerfamilien, darunter die Solari, die als Baumeister in Mailand, Venedig und Moskau zu Ruhm und Ansehen kamen. Viele stilvolle Bürgerhäuser, geschmückt mit Sgraffiti (Dekorationen im Putz) und Reliefs, zeugen vom Wohlstand, den Künstler und Architekten an ausländischen Fürstenhöfen erwarben.

Von Carona nach Süden wandernd, stößt man nach rund einer Viertelstunde auf die Kirche *Santa Maria d'Ongero* auf einer Lichtung im schattigen Buchenwald. Hermann Hesse war begeistert von der Aussicht, die sich ihm dort bot: „Es gibt viel Schönes auf der Erde, Schöneres als dies gibt es nicht." *G5*

## 12 MORCOTE ★

*12 km südlich von Lugano/50 Min. mit dem Schiff*

Es klingt makaber, den *Friedhof* als Highlight eines Orts zu empfehlen. Doch auf das an der Spitze der Halbinsel Ceresio gelegene Dorf trifft es zu. Mit seinen prächtigen Patrizierhäusern und den Arkaden am Seeufer ist es für viele ohnehin eines der schöns-

### VOTIVBILDER: GOTT SEI DANK!

Ein eindringliches Zeugnis des lokalen religiösen Lebens sind sogenannte Exvotos, Malereien, auf denen die Hilfeleistung einer himmlischen Macht dargestellt wird. Eine Besonderheit in den südlichen Alpentälern ist es, dass diese Bilder auch in kleineren, abgelegenen Kapellen und Pfarrkirchen zu finden sind. Die Madonna, die von einer Wolke mit gütigem Blick die Rettungsaktion nach einem Sturz von einer abschüssigen Alpweide beschwört; die Madonna, wie sie vom Himmel aus den über die Ufer getretenen Bergbach eindämmt; die Madonna, wie sie mit heilender Geste die Bettlägerigen vor Schlimmerem bewahrt: Solchen Motiven kannst du auch zuhinterst in einem Bergtal begegnen.

ten Dörfer der Schweiz. Wer die 700-stufige Treppe zur Totenstadt hochgeht, hält immer wieder inne und zückt das Smartphone, um den Blick auf den See, die bewaldeten Hügel und die Kirche Santa Maria del Sasso mit der Kamera festzuhalten. Oben angelangt, wirst du feststellen, dass der Tod längst nicht alle gleichmacht. Monumentale Grabmäler zeugen vom ewigen Ruhm, den einige Familien von Morcote genießen. Etwa die Fossati: Sie bauten nicht nur die Himmelsleiter hoch zur Kirche. Architekt Gaspare Fossati rettete im 19. Jh. auch die Hagia Sophia in Istanbul vor dem Zerfall.

Ähnlich eindrucksvoll ist der *Parco Scherrer (Mitte März–Okt. tgl. 10–17, Mai–Aug. bis 19 Uhr),* der wahr gewordene Traum des Textilunternehmers Arthur Scherrer (1881–1956). Alles, was ihm auf der Welt gefiel, ließ er in seinem subtropischen Park nachbilden. So finden sich ein von Göttern bewachter Tempel, ein siamesisches Teehaus oder ein Sonnentempel nach spanischem Vorbild. *G6*

# MENDRISIOTTO

*(G–H 5–7)* **Es ist selten eine Liebe auf den ersten Blick: Industriebauten, Lagerhallen, Geschäfte, Wohnblöcke und Straßen prägen das Bild des Südzipfels der Schweiz, der wie ein Keil in die Lombardei hineinragt.**

Doch beim genaueren Hinschauen hat die Gegend durchaus ihren Reiz. Nicht von ungefähr wird die heitere, lichterfüllte Landschaft, zu der auch der südliche Teil des Luganer Sees gehört, oft mit der Toskana verglichen. Im Osten wird sie durch das bizarre Massiv des Monte Generoso begrenzt, im Westen durch den Monte San Giorgio, den die Unesco aufgrund seiner Fossilienfunde unter Schutz gestellt hat. Die sanft zur Poebene abfallenden Ausläufer dieser beiden Wander- und Mountainbikerparadiese bieten einen idealen Nährboden für den Weinbau. 40 Prozent der Tessiner Merlottrauben werden hier zu Wein verarbeitet.

## ZIELE IM MENDRISIOTTO

### 13 MENDRISIO

Auf den ersten Blick ist vielen nicht ersichtlich, weshalb die Einheimischen

Mendrisio (15 000 Ew.) stolz als *Magnifico Borgo* („prachtvoller Ort“) bezeichnen. Doch bei einem Bummel durch das Universitätsstädtchen stößt man immer wieder auf architektonische Entdeckungen. Was eigentlich nicht erstaunt, denn Mendrisio ist die Heimat von Mario Botta, einem der berühmtesten zeitgenössischen Architekten. Er gründete nicht nur die 1996 eröffnete Universität *(arc.usi.ch)* am Largo Bernasconi, sondern prägte Mendrisio auch mit zahlreichen Bauten, etwa dem von Geschäften umrahmten, etwas kühl wirkenden Piazzale alla Valle.

Wesentlich älter sind die Felsenkeller an den Ausläufern des Monte Generoso nördlich der Altstadt, wo seit Menschengedenken Wein, Käse und Wurstwaren gelagert werden. Im Innern des karstigen Bergmassivs gibt es unzählige Höhlen, aus denen kühle Luft nach draußen dringt. Die Einheimischen machten sich dieses Phänomen zunutze. So entstand die *Via alle Cantine,* die Straße der Weinkeller. In den Gewölben herrscht eine konstante Temperatur um 10 Grad. Die zweistöckigen Gebäude in Gelb, Rot, Braun und Ocker gehen auf das 18. Jh. zurück. Zum Schutz der Fassaden vor der Sonne wurden Bäume gepflanzt. Das macht die Allee heute zu einer wunderbaren Flanier- und Genussmeile mit zwei gastronomischen Highlights: Im *Grotto Bundi (Mo geschl. | Via alle Cantine 24 | Tel. 09 16 46 70 89 | grottobundi.com | €€)* und im *Antico Grotto Ticino (Di/Mi geschl. | Via alle Cantine 20 | Tel. 09 16 46 77 97 | grottoticino.ch | €€)* solltest du regionale Spezialitäten wie Käse von Tessiner Almen wie z. B. den *Zincarlin* probieren. Der Käse aus dem Muggiotal schmeckt vorzüglich mit Olivenöl und Pfeffer oder aufgelöst in

INSIDER-TIPP
**Frisch von der Alm**

Die Architekturakademie von Mendrisio bewacht eine Skulptur von Niki de Saint Phalle

einem Risotto, das hier noch traditionell im Kupferkessel gekocht wird. *H6*

## 14 MONTE GENEROSO ★

Schon von unten ist der schroffe Zacken, der stolz in den blauen Himmel ragt, eine Wucht. Und auf dem Gipfel des südlichsten Tessiner Panoramabergs (1704 m) hast du einen 360-Grad-Blick auf die traumhafte Landschaft. An schönen Tagen reicht der Blick von den Walliser Hochalpen bis zum Apennin.

Die *Zahnradbahn (Ende März–Okt. | montegeneroso.ch),* die in 40 Minuten ab Capolago gemütlich auf den Gipfel tuckert, verleiht dem Ausflug stresslose Romantik. Oben angekommen, bieten der Planetenweg, die Bärenhöhle sowie verschiedene Naturlehrpfade Abwechslung. Eine Hommage an die Berglandschaft stellt auch das Gipfelrestaurant *Fiore di Pietra* in Form einer Bergblume dar. Die Pläne stammen vom Tessiner Architekten Mario Botta. Wer Lust hat, schwingt sich anschließend zur schneidigen Talfahrt in den Fahrradsattel, denn die Generoso-Bahn transportiert auch dein Mountainbike den Berg hinauf. *H5–6*

## 15 RIVA SAN VITALE

Riva San Vitale (2300 Ew.) am Fuß des Monte San Giorgio am Südende des Luganer Sees beherbergt den ältesten Sakralbau der Schweiz: Das *Baptisterium San Giovanni (tgl. 8–18 Uhr | Via Settala)* ist um 500 entstanden. Das Taufbecken, in einen Findling gehauen, hat enorme Ausmaße. Ähnlich eindrucksvoll ist die Renaissancekirche *Santa Croce* mit imposanter Kuppel. Am *Lido Comunale* mit Spielplatz ist Platz für einen Sprung in den See. *rivasanvitale.ch* | *H6*

## 16 MONTE SAN GIORGIO

Alles begann mit der Suche nach Öl: Beim Abbau von Ölschiefer fand man am Monte San Giorgio 1847 erstmals Fossilien. Insgesamt 30 verschiedene Saurierarten aus der mittleren Trias vor 240 Mio. Jahren hat man bisher gefunden. Das *Museo dei Fossili (Di–So 9–17 Uhr | museodeifossili.ch | 1½ Std.)* in *Meride* stellt die versteinerten Tiere und Pflanzen vor. Kom-

Mit jedem Meter Aufstieg wird das Panorama großartiger: Wanderberg Monte Generoso

plette Modelle der Tiere machen die Versteinerungen anschaulich, multimediale Ergänzungen wie Kurzfilme, ein Aquarium mit Augmented Reality, ein Triasrätsel und ein Audioguide für Kinder machen den Museumsbesuch zum Riesenspaß. Und im Virtual-Reality-Raum *Triassic Park* werden Saurier und ihre Beute lebendig.

INSIDER-TIPP
**Im Urmeer mit Sauriern**

Das Museum befindet sich in einem traditionellen Haus mit Innenhof: Der Architekt – Mario Botta, wer denn sonst? – musste also mit seiner Gestaltung den strengen Vorgaben zum Schutz des Ortsbilds folgen, denn Meride ist eines der am besten erhaltenen Tessiner Dörfer. Um den Monte San Giorgio herum führt ein paläontologischer Wanderweg mit Schautafeln. Das Suchen nach Fossilien ist im Tessin aber nicht erlaubt. Zur Stärkung empfiehlt sich das *Antico Grotto Fossati (Mo/Di geschl. | Cantine 1 | Tel. 09 16 46 56 06 | grottofossati.ch | €–€€)* mit schönem Blick auf Meride.

Charakteristisch für die dicht bewaldete Gegend ist der rote Marmor, mit dem u. a. der Dom in Como gebaut wurde. Auch die Kirche *Madonna del Ponte* im pittoresken *Arzo* ist innen vollständig damit verziert – reingucken kostet nichts! *G–H6*

### 17 MUSEO VELA

Freiheitskämpfer, engagierter Politiker und eigenwilliger Künstler: Vincenzo Vela war einer der gefeiertsten Bildhauer des 19. Jhs. Als junger Künstler ließ er sich vom venezianischen Maler Francesco Hayez inspirieren und entwickelte dank detailgetreuer Wiedergabe und romantischer Interpretation seiner Sujets seinen persönlichen Realismus *(verismo)*. Berühmt ist sein Standbild des kämpferischen Spartacus, das zum Symbol des Widerstands gegen die österreichische Fremdherrschaft wurde.

1867 kehrte Vela in sein Heimatdorf *Ligornetto* 5 km westlich von Mendrisio zurück und ließ dort eine herrschaftliche Ateliervilla errichten. Sie ist heute Sitz des Museums, das eine der bedeutendsten Gipsfigurensammlungen Europas beherbergt. *Di–So 10–18 Uhr | Largo Vela | museo-vela.ch | 1 Std. | H6*

### 18 CHIASSO

Die Grenzstadt zu Italien war immer eine wichtige Transitstation. Im 19. Jh. gelangte Chiasso mit Seiden- und Tabakfabriken zu Reichtum, der Durchbruch kam dann mit der Eisenbahn und einem internationalen Bahnhof auf der Linie Zürich–Mailand. Das *M.A.X. Museo (Di–So 10–12 und 14–18 Uhr | Via Dante Alighieri 6 | centroculturalechiasso.ch)* ist eine Fundgrube für Grafikdesign und Fotografie mit Werken lokaler und internationaler Künstler und interessanten Wechselausstellungen.

Wer die ganze Weinvielfalt des Kantons Tessin kennenlernen möchte, ist in der *Corte del Vino Ticino (Mo/Di geschl. | Via Ghitello 3 | cortedelvinoticino.ch)* im nördlichen Vorort *Morbio Inferiore* am idealen Ort. In einer alten Mühle mit Restaurant kannst du dich durch die Weine probieren und einen geselligen Abend verbringen. *H7*

## ESSEN & TRINKEN

### GROTTO EREMO SAN NICOLAO

Ein Traum, einfach und genial, hoch über Mendrisio gelegen: Nimm die schmale Straße, die auf den Monte

### PER „U-BAHN" VON SEE ZU SEE

Der 2016 eröffnete Gotthard-Basistunnel, mit stattlichen 57 km der längste Eisenbahntunnel der Welt, hat die Reisezeit an die Oberitalienischen Seen um 30 Minuten verkürzt. Doch damit ist die „Untergrabung" der Alpen noch nicht komplett: 2020 wurde auch der gut 15 km lange Monte-Ceneri-Basistunnel in Betrieb genommen. Durch diese U-Bahn reduziert sich die Reisezeit zwischen Locarno und Lugano von 55 auf weniger als die Hälfte, nämlich auf 22 Minuten. Im Hinblick auf diese verkehrstechnische Revolution wurde daher der im 19. Jh. entstandene Bahnhof von Lugano mitsamt der Standseilbahn, die ins Stadtzentrum hinunterführt, komplett erneuert und ausgebaut.

Kleiner Grenzverkehr: Beim Stadtbummel in Chiasso landest du unversehens in Italien

Generoso führt, bis rund 2 km nach dem Dörfchen *Somazzo*. Über einem klaffenden Abgrund, beim Kirchlein der ehemaligen Einsiedelei, lädt dieses Grotto zu Polenta und Schmorbraten. *Mo geschl. | Vicolo San Nicolao 7 | Tel. 09 16 46 40 50 | grottoeremosan nicolao.webnode.it | €–€€ | H6*

## OSTERIA CROCE

In diesem Lokal in *Castel San Pietro* trifft man kaum Touristen, dafür umso mehr Einheimische. Die zur Gaststätte gehörige Bocciabahn bietet nach dem Essen – u.a. Köstlichkeiten vom Grill – Abwechslung. *Mo geschl. | Via Monte Generoso | Tel. 09 16 83 22 76 | osteria grottocroce.ch | €€ | H6*

## MONTALBANO

Herrlich gelegen in den Weinbergen bei *San Pietro di Stabio*, ist das Ristorante Montalbano gewissermaßen die Tessiner Variante eines toskanischen Landguts, das Ganze perfekt kombiniert mit einem lukullischen Traumtanz. *So/Mo geschl. | Via Montalbano 48 | Tel. 09 16 47 12 06 | ristorante montalbano.ch | €€–€€€ | G6*

# SHOPPEN

## FOXTOWN

Luxusmarken zu Schnäppchenpreisen: Das ist das Erfolgsrezept des Outletcenters in *Mendrisio* direkt bei der Autobahnausfahrt. 160 Fabrikläden der Mode-, Sportartikel-, Textil- und Lederbranche locken sieben Tage die Woche mit Rabatten zwischen 30 und 70 Prozent – in der nicht eben preiswerten Schweiz ein echter Trumpf. *Tgl. 11–19 Uhr | Via Angelo Maspoli 18 | foxtown.ch*

# COMER SEE

## MONDÄNE ELEGANZ UND RAUE BESCHEIDENHEIT

**Hoch gerühmt und viel besucht: Der Comer See, mit 410 m der tiefste der Oberitalienischen Seen, gilt als erhaben und romantisch. Schon der römische Dichter Vergil besang seine Schönheit, der Komponist Franz Liszt verlor sich im „melancholischen Murmeln" der Wellen.**

Vor rund zwei Jahrtausenden errichteten die Römer hier Villen; der lombardische Adel entdeckte den See im 16. Jh. und schuf seine Prachtbauten. Aristokratische Villen mit Park stehen neben kleinen

Wer ist die Schönste am See? Varenna spielt ganz vorne mit beim Wettbewerb der Dorfbeauties

Fischersiedlungen, romanische Kirchen wie Santa Maria del Tiglio in Gravedona entführen ins Mittelalter und auf den Uferpromenaden und in den Badeanlagen herrscht fröhliches Treiben.

Der See dehnt sich rund 50 km lang wie ein auf den Kopf gestelltes Ypsilon aus. Mit Ausnahme der Städte Como und Lecco an den Südenden der beiden Seezipfel prägen kleine, enge und manchmal geheimnisvoll stille Dörfer mit herrlichen Seepromenaden die Szenerie.

# COMER SEE

## MARCO POLO HIGHLIGHTS

★ **BELLAGIO**
Besser als jedes Foto: Die Lage des Orts an der Gabelung des Sees ist überwältigend schön ➤ S. 112

★ **DOM SANTA MARIA MAGGIORE IN COMO**
Monumentales Bauwerk in der attraktiven und lebendigen Innenstadt ➤ S. 100

★ **SANTA MARIA DEL TIGLIO IN GRAVEDONA**
Das architektonisch einfallsreiche romanische Gotteshaus strahlt die reine Frömmigkeit des Mittelalters aus ➤ S. 111

★ **LECCO**
Die Stadt, in der Manzoni seinen berühmten Liebesroman schrieb, lässt einen nicht kalt ➤ S. 114

★ **BRUNATE**
Gemütlich mit der Standseilbahn zum Panoramablick auf Como und den See ➤ S. 103

★ **VARENNA**
Das Panorama beim Aperitif auf der Seepromenade vergisst du nicht ➤ S. 118

★ **MUSEO BARCA LARIANA**
Jedes Boot erzählt eine spannende Geschichte vom Leben am See, manche reicht für ein ganzes Leben ➤ S. 110

★ **VILLA DEL BALBIANELLO**
Wie im Film: ein phantastischer Ort für Träumer, die ihre Träume lebten ➤ S. 109

★ **VILLA CARLOTTA**
Große Kunst mit Garten: die üppige Pracht exotischer Pflanzen, sinnliche Skulpturen und ein inniger Kuss ➤ S. 108

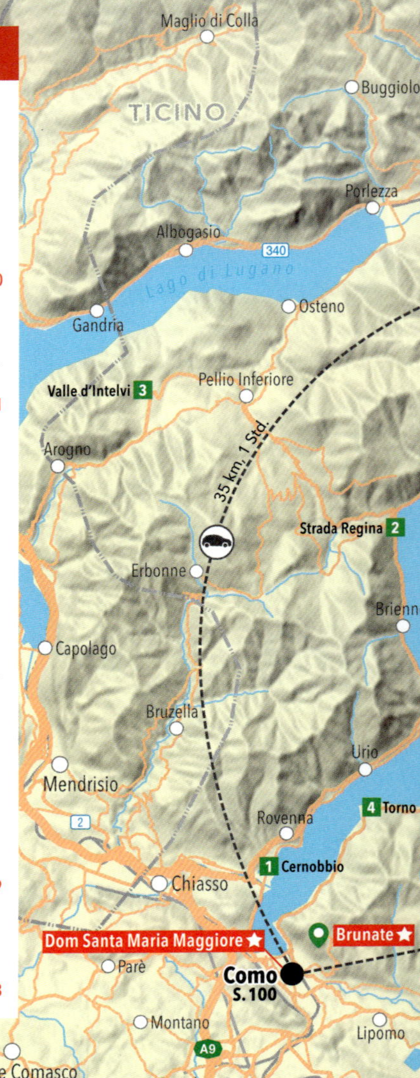

Dosso del Liro
Vercana
Sant' Agata
15 Gravedona
Santa Maria del Tiglio
Garzeno
23 Colico
Delebio
14 Dongo
13 Museo Barca Lariana
Dervio
Avano
Santa Maria
Lago di Como
20 km, 30 Min.
340d
Premana
22 Bellano
12 Parco Val Sanagra
Taceno
Menaggio
S. 107
ITALIA
21 Varenna
25 Min.
Greenway del Lario 6
Esino Lario
Cadenabbia 7
Primaluna
Villa Carlotta 8
Bellagio
24 Valsassina
10 Madonna del Soccorso
S. 112
11
9 Villa del Balbianello
Lierna
Lago di Lecco
Lezzeno
Civenna
36
25 km, 45 Min.
Rongio
16 Madonna del Ghisallo
Balisio
Barni
20 Mandello del Lario
Veleso
Ballabio
19 Abbadia Lariana
Maisano
LOMBARDIA
Asso
Valmadrera
18 Canzo
Lecco
Caslino d'Erba
S. 114
30 km, 45 Min.
17 Abbazia di San Pietro al Monte
Lago di Garlate
Erve
Pusiano
Sala al Barro
Erba
Lago di Pusiano
Calolziocorte
Imberido
Merone
Molteno
Anzano del Parco
Dolzago
Valgreghentino

**Vor dem Bau bequemer Straßen mit Tunneln war das Wasser der schnellste Transportweg.**
Ein Grund dafür sind auch die regelmäßig in Nord- und Südrichtung wehenden thermischen Winde Tivano und Breva. Heute treiben sie Surfer und Segler zu wilden Ritten übers Wasser an – und die hoch aufragenden Berge laden zu Wanderungen mit schwindelerregenden Tiefblicken.

# COMO

*(☐ J7)* **Como (86 000 Ew.) macht es Besuchern nicht ganz leicht: Um diese Stadt zu entdecken, muss man sich Zeit nehmen.**
Wer vom schweizerischen Chiasso her mit dem Auto nach Como fährt, glaubt zunächst in eine nüchterne, gesichtslose Stadt zu gelangen. Trifft man dagegen mit dem Zug oder gar mit dem Schiff ein und geht an der imperialen Piazza Cavour an Land, erlebt man vom ersten Augenblick an eine noble, reizvolle Stadt voll urbaner Frische. Innerhalb ihrer mittelalterlichen Mauern bietet sie ein charmantes, ruhiges, autofreies Zentrum mit engen, aber nicht beengenden Gassen und mit einer Geschäfts-, Boutiquen- und Spezialitätenladendichte, die ihresgleichen sucht.

Besiedelt war Como schon von Kelten. Im 2. Jh. v. Chr. errichteten die Römer ihr Kastell und griechische Siedler brachten Kenntnisse in Bootsbau und Navigation mit. Später, während der Kriege gegen Mailand im Mittelalter und die Österreicher im 19. Jh., musste Como schwere Niederlagen einstecken. Glanz verliehen der Stadt die Maestri Comacini, mittelalterliche Baumeister und Bildhauer aus der Gegend von Como, die ihre Werke in ganz Europa hinterließen. Seit dem Mittelalter wurde in Como Wolle gesponnen und gewebt, im 16. Jh. fasste die Seidenverarbeitung Fuß (Seidenraupenzucht war in der Lombardei weit verbreitet), in der Como bis heute brilliert.

### WOHIN ZUERST?

Como erschließt sich am besten vom See her. Dort ist die **Piazza Cavour** an jener Stelle, wo das alte Hafenbecken im Zuge einer städtischen Umgestaltung im 19. Jh. zugeschüttet wurde, ein idealer Ausgangspunkt für den Bummel in die noch weitgehend ummauerte Altstadt. Vom Bahnhof San Giovanni – dort findest du auch Parkplätze – ist er in ca. zehn Gehminuten erreicht.

## SIGHTSEEING

### DOM SANTA MARIA MAGGIORE ★

Setz dich am besten in eines der Straßencafés auf der Piazza Duomo und betrachte bei einem Espresso den Dom in Ruhe von außen: Der herrliche Bau ist aus der Spätgotik (Fassade, Langhaus) durch die Renaissance (Querhaus) bis in den Barock (Kuppel) gewachsen. Zusammen mit dem romanischen Rathaus *(Broletto)* und

Elemente aus Gotik, Renaissance und Barock: Comos Dom Santa Maria Maggiore

dem Stadtturm *(Torre Comunale)* bildet er ein beeindruckendes Ensemble. Zu beiden Seiten des Hauptportals befinden sich die Statuen der in Como geborenen römischen Senatoren Plinius der Ältere, bedeutender Naturforscher, und Plinius der Jüngere, Verfasser der für die Beschreibung des Vesuvausbruchs im Jahr 79 berühmten Plinius-Briefe. Beide sind der Stolz der Stadt und schafften es deshalb als Heiden an die Domfassade.

Im Inneren (Infotexte auch auf Deutsch) sieht man neben Gemälden von Bernardino Luini und Gaudenzio Ferrari u. a. eine mehrfarbige hölzerne Altartafel des Stadtheiligen Abbondio mit Figuren- und Bildergruppen von den Brüdern Rodari. Auf diese Art Altartafeln der Renaissance triffst du an vielen Kirchen rund um den Comer See (u. a. in Morbegno und Ardenno). *Piazza Duomo*

## EX CASA DEL FASCIO

Die Bauten von Giuseppe Terragni (1904–1943) gelten als Musterbeispiele der rationalistischen Architektur, die an die Bauhaustradition anknüpft. Offen bekannte sich der Architekt zum italienischen Faschismus, den Benito Mussolini mit einem Glashaus verglich. Von dieser Idee der Transparenz ließ sich Terragni leiten. Ab 1932 errichtete er die Parteizentrale von Como, die Casa del Fascio (heute Sitz der Guardia di Finanza) an der *Piazza del Popolo,* ein Prisma aus weißem Marmor mit eindrucksvollen Licht- und Schatteneffekten in den geometrischen Fassadenaufbrüchen. Weitere Arbeiten Terragnis sind das Apartmenthaus *Viale Fratelli Roselli 24,* das Wohnhaus *Novocomum (Viale Sinigaglia 2–6)* und der Kindergarten *Asilo Sant'Elia (Via Alciato).*

INSIDER-TIPP
Kreativ, originell, skandalös

## VOLTA-RUNDGANG

Como ist stolz auf den weltberühmten Physiker Alessandro Volta (1745–1827). Er hat am Ufer des Lario gelebt und doziert. Geboren wurde Volta an der nach ihm benannten Straße im Haus Nummer 62, die Taufe fand in der *Chiesa di San Donnino* statt, die an der Piazza Volta steht. Heute erinnert eine Statue an den Elektrizitätsforscher. Aufgewachsen ist der Erfinder der Batterie und Entdecker des Methangases an der Via Volta 5 in Brunate. Seine Experimente führte er in der *Torre Gattoni (Ecke Viale Cattaneo/Viale Varese)* durch, wo er sich sein Labor eingerichtet hatte. Die erste Batterie sowie originale und rekonstruierte Instrumente, die er für seine Experimente benutzt hatte, sind im *Tempio Voltiano (Di–So 10–18 Uhr | Viale Marconi 1)* ausgestellt.

## SANT'ABBONDIO

Die eindrucksvolle fünfschiffige Basilika liegt etwas versteckt in der Nähe der Bahngleise. Die Maestri Comacini erbauten sie im 11. Jh. am Ort einer frühchristlichen Kirche. Die älteste romanische Kirche Comos hat ihren ursprünglichen Charakter bewahrt. Die Fresken in der Apsis entstanden um 1320 und stellen Szenen aus dem Leben Christi dar. *Via Regina Teodolinda/ Via Sant'Abbondio*

## VILLA OLMO

Eine längst gefällte Ulme *(olmo)*, die Plinius der Jüngere an diesem Ort gepflanzt haben soll, gab der Villa aus dem 18. Jh. ihren Namen. Der stilvolle neoklassizistische Bau mit Spiegelsaal und Theater ist heute Kongresszentrum mit wechselnden Kunstausstellungen (dann Sonderöffnungszeiten). Im *Park (tgl. 7–19, Sommer bis 23 Uhr)* gibt es ein Restaurant und den *Lido* für ein Bad im See oder Pool. *Tgl. 9–19, Pool 10–18 Uhr | Via Cantoni 1 | villaolmocomo.it, lidovillaolmo.it*

### BRUNATE ★

Das wohlhabende Mailänder Bürgertum nutzte den kleinen Weiler oberhalb Comos als Ort der Sommerfrische, in der zweiten Hälfte des 19. Jhs. entstanden zahlreiche Jugendstilvillen *(ville liberty)*, an denen ein Spaziergang entlang der Via Pissarottino vorbeiführt. Mit Errichtung der *Standseilbahn (tgl. 6–22.30, Sa und Juni–Sept. bis 24 Uhr | Piazza Funicolare | funicolarecomo.it)* 1894 verkürzte sich die Fahrt von Como auf den „Balkon der Alpen" erheblich – sie dauert heute gerade einmal sieben Minuten. Von der Bergstation führt ein Pfad in 30 Minuten zum Leuchtturm *Faro Voltiano* mit Panoramablick, der bei klarer Sicht bis zum Monte Rosa reicht. In Brunate startet auch die etwa elfstündige, ausgeschilderte Wanderung auf der antiken *Strada Regia (leviedelviandante.eu)* nach Bellagio (zwei oder mehr Etappen, auch mit Mountainbike möglich).

### MUSEO DIDATTICO DELLA SETA

Seit 1510 die erste Seidenspinnerei in Como öffnete, etablierten sich im 16. und 17. Jh. nach und nach alle Produktionsschritte der Seidenherstellung – Como wurde zu einem der weltweit führenden Seidenproduzenten. Anhand originaler Maschinen, Objekte und Muster dokumentiert das Museum den gesamten Ablauf der Seidenfabrikation: von der Zucht der Raupe bis zum Färben, Bedrucken und Pressen des Edelstoffs. Sogar Seidenspinner kannst du im Museum beobachten, von der Raupe über Kokon und Puppe bis zum Schmetterling. *Di 14–18, Mi–So 10–13 und 14–18 Uhr | Via Castelnuovo 9 | museosetacomo.com | 1½ Std.*

INSIDER-TIPP
Echte Spinner

### CASTELLO BARADELLO

Eine wunderbare Aussicht auf die Stadt hat man von der Burgruine 3 km südlich auf dem 536 m hohen Monte Croce. Die Festung ließ Kaiser Friedrich Barbarossa 1156 errichten, 1527 wurde sie zerstört. Der für seine Grausamkeit berüchtigte Bischof Ottone Visconti soll 1277 seinen Widersacher Napo Torriani in einen Käfig gesteckt und am Hauptturm aufgehängt haben, bis er verhungert war. *März–Okt. Sa/So 9.30–18 Uhr | castelbaradello.com*

## ESSEN & TRINKEN

### IL SOLITO POSTO

Gemütliche Trattoria in einem Gewölbekeller mit Möbeln aus der Zeit der Gründung 1888. Auf der Karte stehen hausgemachte Pasta und oft Ungewöhnlicheres wie Wachteln mit Risotto. *Mo geschl. | Via Lambertenghi 9 | Tel. 0 31 27 13 52 | ilsolitoposto.net | €€*

INSIDER-TIPP
Speisekarte für Entdecker

### FEEL COMO

Zanderfilet an Rauch von Äpfeln und Risotto mit *missoltini crumble* lassen keinen Zweifel: Federico Beretta spielt erfrischend – und meisterlich! – mit den kulinarischen Traditionen. *Mo/Di geschl. | Via Diaz 54 | Tel. 3347264545 | feelcomo.com | €€–€€€*

### RISTORANTE PIZZERIA NAPULE È

Der Name ist Programm: Hier gibt es neapolitanische Pizzen und Meeresgerichte. *Tgl. | Via Dottesio 22 | Tel. 031307932 | €*

### ANTICA OSTERIA CROTTO DEL SERGENTE

Man tafelt in einem alten Kellergewölbe, interessante Weinkarte, traditionell lombardische Gerichte aus regionalen Zutaten – ein schöner Stopp im Grünen wenige Fahrminuten außerhalb. *Mi geschl. | Via Crotto del Sergente 13 | Tel. 031283911 | crottodelsergente.it | €*

## SHOPPEN

Como ist eine Einkaufsstadt für alle Brieftaschen. Die autofreien Gassen des historischen Zentrums machen das Bummeln zum Vergnügen. Ein großer *Wochenmarkt* findet Di und Do vormittags und Sa den ganzen Tag am mittelalterlichen Turm Porta Vittoria bei der *Piazza Vittoria* statt. Die Markthalle *Mercato Annonario (Via Mentana 5)* liegt ganz in der Nähe.

T-Shirts, Espressotassen, Taschen und Karten mit Seemotiven entwirft und malt Textildesignerin Maddalena Colombo für ihr Label *De Comm (Via Giovio 18 | decommdesign.it)*. Im Outletstore *Incomo (Via Pasquale Paoli | incomo.com)* verkauft Familie Orsenigo Foulards, Schals und Seidenkrawatten aus eigener Produktion. Ein großes Angebot an wunderschön gemusterter Seide hat *Frey (Via Regina 71 | frey.it)* im nahen Cernobbio.

## SPORT & SPASS

Fahrradverleih bei *Como Bike Tours (Via Borgo Vico 161 | Tel. 3483480597 | comobiketours.com)*.

## STRÄNDE

In Como gibt es zwei Seebadeanstalten: *Lido Villa Geno (Viale Geno 13)* am östlichen und *Lido Villa Olmo (Via per Cernobbio)* am westlichen Ufer.

## AUSGEHEN & FEIERN

Die vielen Bars und Cafés an der *Piazza Alessandro Volta* und der *Piazza Mazzini* sind beliebte Treffpunkte für den Aperitif.

### BAR GIULIANI

Wein und Cocktails, Restaurant und, Livemusik am Seeufer in der Nähe der Talstation der Brunate-Seilbahn: die ideale One-Stopp-Adresse für den Abend. *Mo geschl. | Piazza Alcide de Gasperi 8 | bargiuliani.it*

### TEATRO SOCIALE

Opern, Konzerte, Tanz, Melodramen: Das Teatro Sociale direkt hinter der Kathedrale bietet ein attraktives Programm. Das klassische Logentheater mit 1000 Plätzen erinnert an die berühmte Mailänder Scala. Als diese

1943 nach einem Bombenangriff unbenutzbar war, fanden die Interpreten der Scala hier drei Jahre lang Asyl. *Via Bellini 3 | teatrosocialecomo.it*

### IL BIRRIFICIO DI COMO

Selbst gebrautes Bier und eine große Auswahl an Cocktails bietet dieser Treffpunkt im alten Brauereigebäude. Bar, Restaurant und großer Garten. *Tgl. | Via Pasquale Paoli 3 | ilbirrificio.it*

# RUND UM COMO

### 1 CERNOBBIO

*5 km nördlich von Como/10 Min. über die Uferstraße*

Am berühmtesten in dem Ferienort (7000 Ew.) ist die *Villa d'Este* aus dem 16. Jh., seit 1873 ein luxuriöses Hotel. Der wunderschöne Garten mit 500 Brunnen, Wasserspielen und Grotten gilt als ein Meisterwerk der italienischen Renaissance-Gartenbaukunst – und ist leider nur für Hotel- und Restaurantgäste zugänglich.

Am gesamten Seeufer reihen sich historische Villen aus dem 15.–19. Jh. aneinander. Die *Villa Bernasconi (Fr–Mo 10–18 Uhr | Largo Campanini 2 | villa bernasconi.eu | ⏲ 30 Min.)* ist ganz im Jugendstil gehalten. Sie gehörte einem Seidenfabrikanten, die umliegenden Gebäude waren Büros und ein Kindergarten für seine Angestellten. Heute beherbergt die Villa ein interessantes, multimediales Museum zur Geschichte der Familie, die eine wichtige Rolle im Ort spielte.

In Cernobbios hübscher Altstadt findet am Mittwochvormittag ein stimmungsvoller *Wochenmarkt* statt. Das

Cernobbios Kirche muss sich behaupten gegen all die legendären Villen am Seeufer

*Lido Riva di Cernobbio* hat auch ein Kinderschwimmbad. Motorboote für Spritztouren auf dem See vermietet *Non solo Barche (Piazza Risorgimento | taxiboatcernobbio.it)*. J7

## 2 STRADA REGINA

*20 km bis Argegno nördlich von Como/30 Min. über die Uferstraße*

Die alte, schmale Straße am Westufer des Sees, benannt nach einer langobardischen Königin, verband Como bereits zur Römerzeit mit den Alpenpässen. Heute bietet eine Fahrt auf der historischen Straße königliche Einblicke in die aktuelle Realität des Comer Sees – dichter Verkehr inbegriffen. Vom Dorf *Argegno* aus gibt es einen einfachen Wanderweg zu der aus dem 17. Jh. stammenden Wallfahrtskirche Sant'Anna. Im Halbstundentakt schwebt vom Dorf eine Seilbahn *(aa pigra.it)* nach *Pigra* (870 m). Mountainbiker können ihr Rad mitnehmen. J5–7

## 3 VALLE D'INTELVI

*35 km bis Lanzo nordwestlich von Como/1 Std. über Argegno*

Die Fahrt von Argegno durch das Intelvital hinüber an den Luganer See hat es in sich: Vom subtropischen Ambiente des Sees gewinnt man in wenigen Serpentinen an Höhe und fühlt sich bald in alpinem Umfeld, ehe die Straße nach der Zollstation unglaublich steil durch eine enge Schlucht nach Maroggia an den Luganer See hinunterführt. Doch vorher solltest du unbedingt die Aussicht genießen: Von *Lanzo d'Intelvi*, dem touristischen Hauptort des Tals, führt eine Straße zur *Cima*

Infotafeln im Intelvital berichten von der kriegerischen Vergangenheit dieses Grenzgebiets

INSIDER-TIPP **Balkon Italiens**

*Sighignola* auf 1302 m, von wo du einen spektakulären Blick auf den Luganer See hast und an klaren Tagen sogar Jungfrau und Monviso siehst. *lavalleintelvi.info* | *H–J5*

### 4 TORNO

*7 km nordöstlich von Como/15 Min. über die Uferstraße*

In dem 1200-Seelen-Dorf auf dem Weg nach Bellagio lagen Reichtum und Armut, Glanz und Zerstörung nah beieinander. Im Mittelalter war Torno durch Tuchmacherei und Transitzölle reich geworden. Das passte den Comaskern nicht, die den Ort gemeinsam mit den Spaniern 1522 plünderten und zerstörten. Ein paar Jahre später kehrten die *tornaschi* zurück und bauten ihr Städtchen mit seinem malerischen Ortsbild wieder auf.

Etwas außerhalb liegt die *Villa Pliniana*, die man in einem halbstündigen Spaziergang erreicht. Sie ist nach dem römischen Politiker und Schriftsteller Plinius dem Jüngeren benannt, wurde aber erst 1575 erbaut.

INSIDER-TIPP **Wasser da, Quelle weg**

Im Park sprudelt aus einem Berg eine intermittierende Quelle, deren Pegel regelmäßig steigt und fällt und einen Wasserfall speist. Erklären lässt sich das Phänomen, über das sich schon Plinius den Kopf zerbrach und das Leonardo da Vinci beschrieb, durch die Wirkung eines natürlichen Siphons im Berginnern. Die Villa, heute Hotel und Veranstaltungsort, beherbergte prominente Gäste wie Stendhal, Napoleon, Liszt und Rossini.

Knapp 10 km nördlich bei Nesso formt die steile Klamm *Orrido di Nesso,* wo die Flüsse Tuf und Nosè sich vereinigen, einen viel fotografierten Wasserfall. *J6*

### 5 MUSEO DEL CAVALLO GIOCATTOLO

*8 km südlich von Como/15 Min. über Via Napoleona und Via Pasquale Paoli*

Das riesige Schaukelpferd aus dem „Pinocchio"-Film von Roberto Benigni ist in *Grandate* unweit der Autobahnausfahrt Como Sud zu sehen – und mit ihm mehr als 500 weitere aus aller Welt. *Di–Sa 15–19, Sa auch 10–13 Uhr | Via Tornese 10 | museodelcavallogiocattolo.it | 1 Std. | H–J7*

# MENAGGIO

*(K4)* **Der historische Kern dieses lebhaften Zentrums am Westufer (3200 Ew.) liegt malerisch auf einer kleinen Halbinsel längs einer blumengeschmückten Promenade.**

Allerdings musst du mit viel Verkehr um den Ort herum rechnen: Hier zweigt die Straße hinauf zum Pass Richtung Luganer See ab und vom Anleger in Menaggio sticht die Autofähre nach Bellagio und Varenna in See. 1939 wurde bei Menaggio einer der ersten Golfplätze der Region angelegt. 1858 war der Ort Zentrum der aufständischen Bewegung gegen die österreichische Herrschaft. Jeden zweiten und vierten Freitag des Monats ist Markt in Menaggio. Baden kann man im *Lido Giardino. menaggio.com*

## SIGHTSEEING

### STADTRUNDGANG

Auf dem Spaziergang durchs historische Zentrum entdeckt man die Zeugen verschiedener Epochen, etwa die barocke Kirche romanischen Ursprungs *Santo Stefano* oder die Überreste der mittelalterlichen *Burg*. Sehenswert ist zudem der schiefe Kirchturm aus dem 12. Jh. von *Santi Bartolomeo e Michele* im Ortsteil Nobiallo.

## ESSEN & TRINKEN

### LA BAITA

Hier erinnern Schmorbraten und Polenta daran, dass hinter dem See und seinen Palmen die Bergtäler liegen. Etwas außerhalb in der Nähe des Golfplatzes. *Di geschl. | Via Wyatt 35 | Tel. 0 34 43 21 95 | €*

### RISTORANTE DI PAOLO

Traditionelle lombardische Küche mit Seeblick. Probier die *missoltini*, kleine Seefische, gesalzen und an der Sonne getrocknet – so bleibt das Omega 3 lange erhalten. *Di geschl. | Largo Cavour 5 | Tel. 0 34 43 21 33 | ilristorantemenaggio.it | €€–€€€*

## SHOPPEN

### OLEIFICIO VANINI OSVALDO

Die preisgekrönte Ölmühle produziert 8 km südlich in *Lenno* in den nördlichsten Olivenhainen Italiens Öl, Seifen, Shampoo sowie Hautcremes. *Via Pellico 10 | oliovanini.eu*

# RUND UM MENAGGIO

### 6 GREENWAY DEL LARIO

*3 km bis Griante südlich von Menaggio/40 Min. zu Fuß*

Abseits des Verkehrs gelangt man auf diesem gut markierten, 10 km langen Spazierweg in ca. dreieinhalb Stunden von Griante nach Colonno, vorbei an alten Kirchen, malerischen Parks und urtümlichen Ortschaften. *greenwaylagodicomo.com | J-K5*

### 7 CADENABBIA

*4 km südlich von Menaggio/5 Min. über die Uferstraße*

Bekannt ist das Dorf vor allem wegen der *Villa La Collina (kas.de/villalacollina)*. Einst das Reiseziel des deutschen Bundeskanzlers Konrad Adenauer, der hier in den 1950er- und 1960er-Jahren urlaubte, ist sie heute Sitz der Adenauerstiftung und auch für Individualgäste zugänglich. Außergewöhnlich und nicht zu übersehen liegt die kleine Kirche *San Martino* unterhalb des gleichnamigen Felsens. *K5*

### 8 VILLA CARLOTTA ★

*4 km südlich von Menaggio/40 Min. mit dem Schiff*

An einem im Schutz des Monte di Tremezzo klimatisch begünstigten Uferstreifen steht das bedeutendste der vielen palastartigen Landhäuser am Comer See. Ab 1690 wurde es für einen Mailänder Marchese errichtet und später klassizistisch umgestaltet. Im wundervollen Garten gedeihen exotische Pflanzen, im April und Mai zur Azaleen- und Rhododendronblüte verwandelt er sich in ein Blumenmeer. Im Café im alten Gewächshaus kannst du den Gartenbesuch bei Focaccia und Pasta verlängern.

INSIDER-TIPP
**Snack im Treibhaus mit Seeblick**

Gemälde (darunter ein sinnlicher Kuss von Francesco Hayez), kostbare Wandteppiche und elegante Marmorskulpturen von Antonio Canova schmücken die fürstlichen Innenräume, aus denen sich herrliche Ausblicke auf den See öffnen. Den *Salone dei Marmi* ziert der kolossale Fries „Einzug Alexanders des Großen in Babylon" von Bertel Thorvaldsen. *Mitte März–Okt. tgl. 10–19 Uhr | villacarlotta.it | 2 Std. | K5*

## 9 VILLA DEL BALBIANELLO ★

*9 km südlich von Menaggio/15 Min. über die Uferstraße*

Oberhalb der beiden durch einen Laubengang verbundenen Wohngebäude thront eine herrliche Loggia, die mit Seeblick zu beiden Seiten auftrumpft. 1974 kaufte der Bergsteiger Guido Monzino die Villa und brachte hier zahlreiche Ausrüstungsstücke, Kunstwerke und Geschenke von seinen Expeditionen (u.a. zum Mount

Beim Besuch der Villa Carlotta begeistern immer wieder die Blicke über Garten und See

Everest und zum Nordpol) unter. Einige Szenen aus Star Wars II und Casino Royale wurden hier gedreht. Du erreichst die Villa von Lenno zu Fuß oder per Taxiboot. *Gestaffelte Zeiten s. Website | short.travel/ois6 | 2 Std. | K5*

## 10 MADONNA DEL SOCCORSO

*10 km südlich von Menaggio/20 Min. über die Uferstraße*

14 Kapellen, die zwischen 1635 und 1714 erbaut und mit 230 Skulpturen verziert wurden, säumen den Aufstieg von *Ossuccio* zur Wallfahrtskirche. Der rund 1 km lange Pilgerweg bildet ein harmonisches Ensemble mit den sanft abfallenden Hügeln und den jahrhundertealten Olivenbäumen, das zum Unesco-Weltkulturerbe der Sacri Monti gehört. *sacrimonti.org | J–K5*

## 11 ISOLA COMACINA

*1 Std. mit dem Schiff oder 5 Min. mit dem Taxiboot ab Ossuccio 10 km südlich von Menaggio*

Heute schwer vorstellbar: Die einzige Insel im Comer See war vor über 1000 Jahren eine stark befestigte Siedlung mit Häusern und Kirchen, die von hohen Mauern umgeben waren – bis die mit Kaiser Barbarossa verbündeten Comasker die Insel im Jahr 1169 für deren Treue zu Mailand dem Erdboden gleichmachten. Grabungsfunde aus dieser Zeit findest du im *Antiquarium (Ostern–Okt. Do–So 11–17 Uhr | Via Somalvico)* in *Ossuccio* bei der Kirche Santa Maria Maddalena mit ihrem markanten gotischen Turm, das auch als Besucherzentrum fungiert. Linienboote sowie Taxiboote ab Ossuccio bringen dich auf die Insel. *J–K5*

## 12 PARCO VAL SANAGRA

*2 km bis Piamuro nordwestlich von Menaggio/30 Min. zu Fuß*

Dem Fluss Sanagra werden heilende Kräfte nachgesagt. Du hast also einen guten Grund, während der 40-minütigen Wanderung von Piamuro oberhalb von Menaggio zur alten Nagelschmiede *Vecchia Chioderia* die Füße abzukühlen. Heute werden hier keine Nägel mehr hergestellt, sondern Forellen, Störe und Schweine gezüchtet. Serviert werden diese im gleichnamigen *agriturismo (tgl. | Via Molini 3 | Grandola ed Uniti | Tel. 0 34 43 01 52 | €–€€). K3*

## 13 MUSEO BARCA LARIANA 

*10 km nördlich von Menaggio/15 Min. über die Uferstraße*

Ein Schmugglerboot, das einem Ruderboot für Wettkämpfe aufs Haar gleicht; das Boot, in dem Winston Churchill 1946 über den See fuhr; das Segelboot, mit dem Agostino Straulino 1952 in Helsinki die Goldmedaille holte. Dazu Fischerboote, Segelboote, Rennboote und eine venezianische Gondel aus dem 19. Jh.: Die umfangreiche Sammlung historischer Boote in dem Museum in *Pianello del Lario* führt unmittelbar zu den Geschichten und Geheimnissen aus zwei Jahrtausenden Schifffahrt auf dem See. *Juli–Okt. Fr–So 14–18 Uhr | Via Regina 1268 | museobarcalariana.it | 2 Std. | K3*

## 14 DONGO

*15 km nördlich von Menaggio/20 Min. über die Uferstraße*

Dongo (3500 Ew.) ist in ganz Italien berühmt, weil Partisanen hier am

Mit Taxiboot oder Linienschiff gehts auf die Isola Comacina vor Ossuccio

27. April 1945 den italienischen Diktator Benito Mussolini und faschistische Parteiführer auf der Flucht gefangen nahmen. Das *Museo della Fine della Guerra (April–Okt. Di–So 10–13 und 14.30–18.30, Juli/Aug. 10–18 Uhr | Piazza Parachini 6 | museofineguerradongo.it | 45 Min.)* im Rathaus Palazzo Manzi erinnert mit Filmen, Objekten und Interviews an den antifaschistischen Widerstand in der Region und die dramatischen letzten Tage des Zweiten Weltkriegs.

Bekannt für seine *crotti* ist der Ortsteil *Stazzona* oberhalb von Dongo: altehrwürdige Felsenkeller, einst zur Konservierung genutzt, die im Zeitalter des Kühlschranks zu Gaststätten umfunktioniert wurden. Würste, Käse, Grillspezialitäten und Polenta werden dir u.a. im *Crotto Isidoro (im Sommer tgl. | Via Vanzonico 15 | Tel. 0 34 48 83 13 | €)* aufgetischt. *K3*

## 15 GRAVEDONA

*20 km nördlich von Menaggio/ 30 Min. über die Uferstraße*

Gravedona war im Mittelalter Zentrum einer unabhängigen Stadtrepublik. Von deren Bedeutung zeugt die originelle Kirche ★ *Santa Maria del Tiglio* aus dem 12. Jh. Die Fassade im Hochformat und der wuchtige Glockenturm an der Stirnseite, durch den man eintritt, verleihen ihr vertikalen Schwung. Im Inneren überrascht das architektonisch kluge Spiel mit Leere und Fülle durch Apsiden mit säulengestützten Nischen und Loggien, die kleiner werden. Der quadratische Grundriss erinnert an die frühchristliche Taufkirche aus dem 5. Jh., um deren Fundamente sie entstand und von der noch Reste des Mosaikbodens sichtbar sind. Direkt am Ufer erhebt sich der burgarti-

INSIDER-TIPP
**Frühes Experiment mit der Perspektive**

Schmale Gassen, steile Treppenwege, einladende Trattorien: Bellagio

ge *Palazzo Gallio,* heute Rathaus und Ausstellungszentrum.

Im windigen *Domaso,* dem nächsten Ort in Richtung Norden, treffen sich die Kitesurfer. *Sorico* ganz am Nordende des Sees hat einen schönen, breiten Sandstrand. Vom mittelalterlichen Dorf *Livo* oberhalb von Gravedona gelangst du am gleichnamigen Bach entlang auf einer viereinhalbstündigen Wanderung zum malerischen Bergsee *Lago di Darengo* auf 1781 m mit der Selbstversorgerhütte *Capanna Como (caicomo.it).* *L3*

# BELLAGIO

*(K5)* **Superlative sind hier nicht übertrieben: Die Lage von ★ Bellagio (3800 Ew.) an der Spitze der dreieckigen Halbinsel zwischen den beiden südlichen Ästen des Comer Sees ist phänomenal.**

Wer ganz vorne auf der äußersten Landzunge steht, hat praktisch 270 Grad Seesicht – wohl nirgends kommt die Anmut des Lario, der die versöhnliche Milde des Wassers und die unbändige Kraft der Berge verbindet, besser zum Ausdruck. Mit seinen schmalen Gässchen und steilen Treppen, den blumenbekränzten Boutiquen und prächtigen Villen ist Bellagio der wahrscheinlich schönste Ort am See, der mit seinem milden Klima das ganze Jahr über Besucher anzieht. „Im Sommer sind es manchmal zu viele", klagen selbst Geschäftsleute, die vom Tourismus leben. Im Winter, wenn Besucher allerdings vor vielen geschlossenen Hotels und Restaurants stehen, verwandelt sich Bellagio wieder in ein gemütliches Fischerdorf. Dem Lock uf „fangfrische Fische" – Aal, Schleie, Hecht und Barsch – kann man hier noch trauen.

## SIGHTSEEING

### PUNTA SPARTIVENTO

Die „Spitze, die den Wind trennt", bietet ein herrliches Panorama auf die drei Seearme und die Alpengipfel. Du erreichst sie vom Zentrum in einem zehnminütigen Spaziergang. Kurz vor der Spitze liegt ein winziger Strand, die *Spiaggetta della Punta.*

INSIDER-TIPP
**Bad an den drei Seearmen**

### BASILICA SAN GIACOMO

Die St.-Jakobs-Basilika, erbaut zwischen 1075 und 1125 von den Maestri Comacini, den berühmten Comer Baumeistern und Steinmetzen des Mittelalters, ist eines der ersten Beispiele romanischer Baukunst. Der reich geschmückte Innenraum enthält Mosaikarbeiten und einen prunkvollen Altar aus dem 16. Jh. *Piazza della Chiesa*

### PARK DER VILLA SERBELLONI

Der Park der Villa Serbelloni am Hügel über dem Ort (nicht zu verwechseln mit dem Luxushotel am Seeufer!) wird zweimal täglich im Rahmen von anderthalbstündigen Führungen geöffnet. Zu bestaunen ist neben der terrassierten Gartenanlage mit Azaleen, Glyzinien, Zedern und Pinien auch eine herrliche Sicht auf beide Seearme. *Führungen April–Okt. Di–So 11 und 15.30 Uhr | Anmeldung auf bellagiolakecomo.com | ⏲ 2 Std.*

### GIARDINI DI VILLA MELZI

Die etwas außerhalb gelegene klassizistische Villa, Anfang des 19. Jhs. im Empirestil gebaut, ist umgeben von einer prachtvollen Gartenanlage mit exotischen Pflanzen und Statuen. Durch die Platanenalleen spazierend, kann man sich gut vorstellen, dass sich Franz Liszt hier einst inspirieren ließ. *Ende März–Okt. tgl. 10–19 Uhr | giardinidivillamelzi.it*

### MUSEO DEGLI STRUMENTI PER LA NAVIGAZIONE

In einem auffälligen Turmhaus im Ortsteil San Giovanni zeugen mehr als 200 Navigationsinstrumente von der Kunst der Kursbestimmung. *Do–So 10–13 Uhr | Piazza Don Miotti | bellagiomuseo.com | ⏲ 30 Min.*

## ESSEN & TRINKEN

### ENOTECA CAVA TURACCIOLO

Die erfahrenen Sommeliers in dieser kleinen Weinbar beraten bei der Wahl aus lokalen und regionalen Weinen. Neben üppigen Wurst- und Käseplatten stehen auch Seefische auf der Karte. *Mi geschl. | Salita Genazzini 3 | Tel. 0 31 95 09 75 | cavaturacciolo.it | €–€€*

### SILVIO ⚑

INSIDER-TIPP
**Toller Hecht!**

Cristian Ponzini, dessen Familie das Restaurant seit fünf Generationen führt, ist selbst Fischer und serviert, was der See gerade bietet (es gibt keine Speisekarte), natürlich mit Blick aufs Wasser. *Tgl. | Via Carcano 12 | Ortsteil Loppia | Tel. 0 31 95 03 22 | bellagiosilvio.com | €–€€*

## SHOPPEN

### BUTTI ENRICO

Große Auswahl an einheimischen Lebensmitteln und Delikatessen. Immer gut: *formaggi nostrani* (Käse) und Olivenöl. *Via Garibaldi 42*

### LUIGI TACCHI

Spielsachen, Gewürzmühlen, Kochlöffel, Schneidebretter – alles aus haltbarem, wunderschön gemasertem Olivenholz. *Via Garibaldi 22*

### AZALEA SILK OF COMO

Das vielleicht perfekte Mitbringsel: Foulards, Schals und Krawatten aus Seide, veredelt am Comer See. *Salita Serbelloni 31*

# RUND UM BELLAGIO

### 16 MADONNA DEL GHISALLO

*10 km südlich von Bellagio/20 Min. über die SP 41*

Die Skulptur eines jubelnden und eines am Boden zerstörten Radrennfahrers erinnert daran, dass sich am Ghisallopass die Spreu vom Weizen trennt. Wenn du den bis zu 14 Prozent steilen Nordanstieg zu der Wallfahrtskirche, rund 750 m hoch bei Magreglio am Hang des Monte San Primo gelegen, zurückgelegt hast, wirst du dich als Sieger fühlen – wie einst Fausto Coppi oder Gino Bartali. Von den Heldentaten dieser Radlegenden erzählt das *Museo del Ciclismo (März–Okt. tgl. 9.30–17.30 Uhr | museodelghisallo.it)*. *K6*

# LECCO

*(L–M6)* **In den Straßen ★ Leccos fällt der Blick entweder auf die Berge oder aufs Wasser. Die Stadt (48 000 Ew.) liegt am südöstlichen Arm des Comer Sees, wo die zum See auslaufenden Bergamasker Alpen Platz für eine Siedlung ließen.**
Schon im 2. Jh. v. Chr. wurde hier Eisen geschmolzen, die metallverarbeitende Industrie und der Maschinenbau bestimmen noch heute die Wirtschaft der Stadt. Im 19. Jh. kam die Textilindustrie hinzu, die Seidenraupenzucht ergänzten Webereien und Spinnbetriebe.
Vom Bahnhof kommend, läufst du in Leccos Altstadt an eleganten Bürgerhäusern aus dem 19. Jh. vorbei bis zur Piazza XX Settembre am Seeufer (hier ist die Touristeninformation). An der baumbestandenen Seepromenade mit Blick auf Malgrate am anderen Seeufer ragt golden der Stadtpatron San Nicolò aus dem Wasser.

## SIGHTSEEING

### ITINERARIO DEI LUOGHI MANZONIANI

Der Italiens großem Schriftsteller Alessandro Manzoni (1785–1873) gewid-

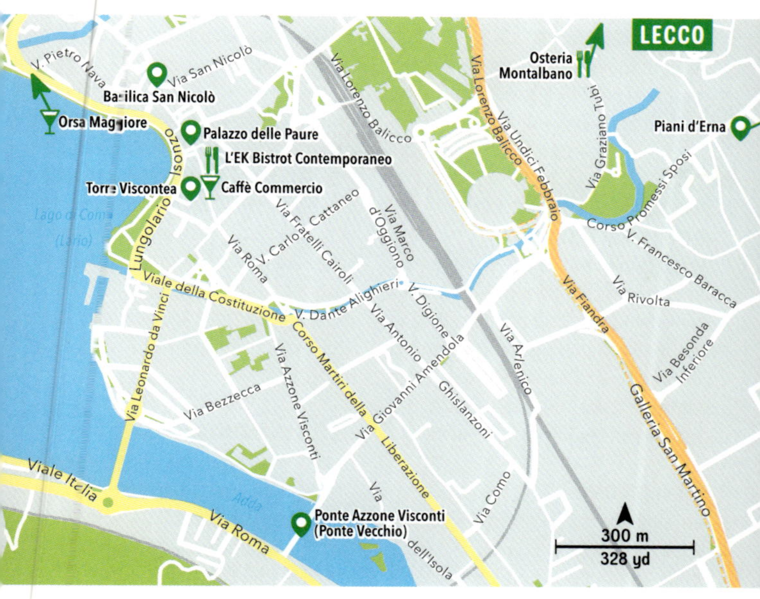


mete Weg führt zu den Schauplätzen aus seinem berühmten Roman I Promessi Sposi („Die Brautleute"), der dramatischen Geschichte des Bauernpaars Renzo und Lucia während der spanischen Herrschaft im 17. Jh. Der Roman mit seinen fast filmischen Beschreibungen aus der Perspektive einfacher Leute war auf Anhieb ein Publikumserfolg. Teil des Rundgangs ist u. a. die *Villa Manzoni (Di 10–14, Mi–So 10–18 Uhr | Via Guanella 1 | museilecco.org),* in der der Autor seine Kindheit verbrachte.

INSIDER-TIPP
**Hoch hinaus, bitte**

## BASILICA SAN NICOLÒ

Mit seinen 96 m ist der Campanile einer der höchsten Kirchtürme Italiens. Auf 380 Stufen gelangst du zur *Aussichtsplattform* auf dem Turm, den die Einheimischen *Il Matitone* nennen, weil er wie ein riesiger Bleistift in die Höhe ragt. *Anmeldung obligatorisch unter campaniledilecco.it | Via San Nicolò | 1 Std.*

## PALAZZO DELLE PAURE

Das „Haus der Ängste" ist kein Gruselhaus, sondern die ehemalige Steuerbehörde. Heute ist der neogotische Bau Sitz einer Sammlung zeitgenössischer Kunst (u. a. Grafik, Fotografie) und des *Osservatorio Alpinistico Lecchese (osservatorioalpinisticoleccese.com)* mit einer multimedialen Annäherung an die Berge und Gipfeltouren berühmter Alpinisten der Region und einer kleinen Kletterwand für Kinder. *Di 10–14, Mi–So 10–18 Uhr | Via XX Settembre 22 | museilecco.org | 1½ Std.*

### TORRE VISCONTEA
Der zinnenbewehrte Turm der ehemaligen Visconti-Burg, zwischenzeitlich ein Gefängnis, beherbergt heute Wechselausstellungen. *Piazza XX Settembre*

### PONTE AZZONE VISCONTI (PONTE VECCHIO)
Dieser Brücke mit elf Bögen verdankte Lecco im 14. Jh. seinen Aufschwung: Sie verband die Stadt mit dem Herzogtum Mailand und ermöglichte so die Entwicklung zu einem Handelszentrum. Heute ist diese mittlere der drei Brücken Leccos berühmtestes Bauwerk.

### PIANI D'ERNA
Die Seilbahn *(Via Prealpi 34)* bringt dich in nur fünf Minuten auf die Hochebene unter dem gezackten Monte Resegone. Auf 1329 m angekommen, führt dich ein zweieinhalbstündiger *Naturlehrpfad* durch die alpine Landschaft. Auspowern kannst du dich im *Klettergarten*, im *Abenteuerpark* und mit dem Mountainbike (auch Verleih). *pianidibobbio.com*

## ESSEN & TRINKEN

### L'EK BISTROT CONTEMPORANEO
Ein Bistro zum Zungeschnalzen: Neben Seefisch, Fassone-Rindfleisch, Schnecken und Steinpilzen kommt auch eine (überzeugende!) Gourmetpizza auf den Tisch. *Mo geschl. | Piazza XX Settembre 50 | Tel. 0 34 11 69 37 47 | lekbistrot.it | €€*

### OSTERIA MONTALBANO
Mitten im Grünen mit Blick auf Lecco: Diese Osteria im Ortsteil Montalbano tischt hausgemachte Pasta und traditionelle lombardische Gerichte auf und ist vermutlich auch die beste Adresse für Wild in der Gegend. *Di geschl. | Via Montalbano 30 | Tel. 03 41 49 67 07 | osteriamontalbano.it | €–€€*

INSIDER-TIPP
**Vom Wald auf den Teller**

Überragt von den schroffen Felsen des Grignemassivs: Lecco am südöstlichen Ende des Sees

## SHOPPEN

Der traditionelle (seit 1149!) *Wochenmarkt (Mi und Sa den ganzen Tag)* ist vom Zentrum auf das ehemalige Eisenbahngelände zwischen der Via Amendola und der Via Ghislazione verlegt worden. Die Metzgerei *Rusconi (Piazza XX Settembre 32)* verkauft selbst gemachte, luftgetrocknete Bresaola, eine regionale Trockenfleischspezialität.

## AUSGEHEN & FEIERN

### CAFFÈ COMMERCIO

Ein beliebter Treffpunkt für den Aperitif: Sollte es drinnen zu eng werden, weicht man mit seinem Drink auf die Piazza aus. *Tgl. | Piazza XX Settembre 8*

### ORSA MAGGIORE

Ein Ort, drei Funktionen: Tagsüber Strandbad, zum Abendessen Restaurant für romantische Dinner zu zweit oder Treffen mit Freunden und spätabends Disco. *Lungolario Piave 5 | orsamaggiorediscoclub.it*

# RUND UM LECCO

### 17 ABBAZIA DI SAN PIETRO AL MONTE

*7 km westlich von Lecco/15 Min. über Malgrate und die Via Como plus 1 Std. Fußmarsch*

Das Kloster liegt am kleinen Lago di Annone bei *Civate* auf 662 m und ist von Civate aus über einen einstündigen Fußweg zu erreichen. Der Komplex besteht aus dem *Oratorium San Benedetto* (11. Jh.) und der Kirche *San Pietro* (ab 9. Jh.) mit zwei sich gegenüberliegenden Apsiden, wunderschönen romanischen Stuckreliefs und einem von der Apokalypse inspirierten Freskenzyklus. Wanderschuhe nicht vergessen! *Nur mit Anmeldung Di–Fr 10–14, Sa/So 10–12 und 13.30–16 Uhr | Tel. 34 63 06 65 90 | amicidisanpietro.it | 3 Std. inkl. Hin- und Rückweg | L7*

### 18 CANZO

*20 km westlich von Lecco/25 Min. über die SS 36, SP 639, SP 42 und SP 41*

Für eine typische Süßspeise lohnt sich ein Abstecher in den Ort mit langer Tradition als Sommerfrische: In der *Fabbrica dei Nocciolini (Via Brusa 32 | fabbricadeinocciolini.it)* produziert Erica Figini aus Haselnüssen aus den Bergen sowie Zucker und Eiweiß die *nocciolini di Canzo.* *K6*

INSIDER-TIPP
**Süße Verführung**

### 19 ABBADIA LARIANA

*7 km nördlich von Lecco/28 Min. mit dem Schiff*

Im *Civico Museo Setificio Monti (Mi–So 14–18, Sa/So auch 10–13 Uhr | Via Nazionale 93 | museoabbadia.it | 1 Std.)* sind Maschinen der Seidenspinnereien aus dem 18. Jh. zu sehen. Vom Ort (3200 Ew.) auf der Schwemmebene des Bachs Zerbo gelangt man auf einer einstündigen Wanderung zum Wasserfall *Cascata del Cenghen* im Naturpark Parco delle Grigne. *L4*

## 20 MANDELLO DEL LARIO

*10 km nördlich von Lecco/35 Min. mit dem Schiff*

Mandello (10 000Ew.) ist die Heimat einer Ikone der italienischen Motorradwelt: der Moto-Guzzi-Werkstätten. Wer schon mal auf einer Moto Guzzi gesessen hat, für den ist der Museumsbesuch Pflicht: *Museo del Motociclo Moto Guzzi | Fr/Sa 10–18, nach Anmeldung geführte Besichtigungen Mo–Do 15–16.30 Uhr | Via Parodi 63 | motoguzzi.com | L6*

## 21 VARENNA ★

*20 km nördlich von Lecco/30 Min. über die Uferstraße*

Varenna (850 Ew.) ist das romantische Schmuckstück des Comer Sees. Wunderschön bettet sich das Dorf auf ein Felsriff; wer vom Dorfkern zum See will, muss zuerst einige steile Treppenstufen hinuntersteigen (und später wieder zurück!). Das Ufer ist teilweise nur auf einem schmalen Steg begehbar. Zu bestaunen gibt es hier Italiens kürzesten Fluss: Der *Fiumelatte* kann auf seinen 250 m von der Quelle bis zur Mündung in den See begleitet werden. Etwas außerhalb, in Perledo, liegt die *Burg von Vezio (März–Okt. Kernzeit tgl. 10–17, im Sommer bis 18/19/20 Uhr | castellodivezio.it)*, deren Turm aus dem 14. Jh. stammt. Die Aussicht auf alle drei Seearme ist phänomenal.

INSIDER-TIPP
**Drei auf einen Streich**

Hereinspaziert: Direkt am See liegt die *Villa Monastero (villamonastero.eu)*, ein ehemaliges Zisterzienserkloster, heute Kongresszentrum und Museum mit *botanischem Garten (stark gestaffelte Zeiten s. Website)*. Gleich nebenan steht die *Villa Cipressi (Mitte März–Okt. tgl. 9–18 Uhr)*, ebenfalls Kongresszentrum, Hotel und botanischer Garten.

Zum Schlemmen laden die Restaurants in der Via XX Settembre ein, etwa das *Il Cavatappi (mittags und Mi geschl. | Tel. 03 41 81 53 49 | cavatappivarenna.it | €€)*, das mit einer Mischung aus lokaler und vegetarischer Küche überzeugt. *K4*

## 22 BELLANO

*25 km nördlich von Lecco/35 Min. über die Uferstraße*

Die engen, dunklen Gassen, die im hinteren Teil steil ansteigen, verleihen Bellano (3200 Ew.) ein Ambiente, das zwischen anziehend und beklemmend schwankt. Im spektakulären *Orrido di Bellano (stark gestaffelte Zeiten s. Website | discoveringbellano.eu)*, schlägt die Gefühlslage in staunende Begeisterung um. In Jahrtausenden grub der Fluss Pioverna diese tiefe Schlucht in den Kalkfelsen. Tosend braust das Wasser durch Engpässe, stürzt ungestüm in die Tiefe. Schmale Stege entlang glatter Felswände führen zu dem gewaltigen Naturspektakel. *L4*

## 23 COLICO

*35 km nördlich von Lecco/35 Min. über die Schnellstraße SS 36*

Der nördlichste Ort (6200 Ew.) am Ostufer punktet mit einem natürlichen Partner: dem thermischen Südwind Breva, der von Februar bis Oktober weht. Das Dorf ist daher bei Surfern

Pompöses Inneres und – natürlich! – ein phantastischer Garten: Villa Monastero in Varenna

und Seglern beliebt. *Jordan'Surf (Via Montecchio Nord 25 | Tel. 33 86 71 92 50 | kitezoo.it)* verleiht Bretter und bietet Kurse an. Eine stille, feierliche Atmosphäre verbreitet die *Abtei von Piona (tgl. 9–12 und 14.30–18 Uhr | abbazia dipiona.it)* mit ihrem schönen Kreuzgang 5 km südlich an der Bucht des viel besuchten *Laghetto di Piona*. Zisterziensermönche stellen hier nach einem alten Rezept Kräuterlikör und Tee her. *L3*

## 24 VALSASSINA

*20 km nördlich von Lecco/30 Min. über die Uferstraße*

Von Lecco führt eine schöne Route durch die Valsassina unterhalb des Grignemassivs mit seinen bizarren, schroffen Kalkfelsen nach Bellano, von wo man am See entlang wieder an den Ausgangspunkt zurückkehren kann. Die serpentinenreiche Panoramastraße schlängelt sich von Ballabio Superiore auf die grüne Hochebene *Piani Resinelli* (1300 m) mit Berghütten, Restaurants, Wanderwegen und dem *Parco Minerario,* aufgelassenen Bleiminen aus dem 17.–19. Jh.

Auf der 82 km langen Rundfahrt kannst du bei Erzeugern Bergkäse kosten und kaufen – das Tal ist berühmt für seinen Käse: Formagella, Kräuterkäse und Grignone im *agriturismo Pian delle Fontane (Via Mauri 54 | piandelle fontane.it)* in Ballabio, den würzigen Weichkäse Taleggio bei *Familie Carozzi (Via Provinciale 14 | carozzi.com)* in Pasturo oder in einem alten Felsenkeller gereiften Gorgonzola ebenfalls in Pasturo bei *Emilio Mauri (Via Provinciale 11 | mauri.it)*. *L–M 5–6*

# ERLEBNIS TOUREN

Lust, die Besonderheiten der Region zu entdecken? Dann sind die Erlebnistouren genau das Richtige für dich! Ganz einfach wird es mit der MARCO POLO Touren-App: Die Tour über den QR-Code aufs Smartphone laden – und auch offline die perfekte Orientierung haben.

## 1 VOM LAGO MAGGIORE IN DIE BERGWELT DER CENTOVALLI

- Mit der Bahn durch enge Schluchten und Bergdörfer fahren
- Auf verträumten Inseln durch prächtige Gärten spazieren
- Der Weg ist das Ziel – auf dem Wasser und vor der Bergkulisse

Start: Locarno

Ziel: Locarno

Strecke: ca. 150 km

Dauer: 2 Tage, reine Fahrzeit ca. 2½ Std. mit der Bahn und 3¼ Std. auf dem Schiff

Info: Die geschilderte Bootstour war bei Redaktionsschluss täglich außer Mi möglich – prüf aber unbedingt vorab den aktuellen Schiffsfahrplan *(navigazionelaghi.it)*.
Das Ticket für die Centovalli-Bahn mit Zwischenhalt buchen *(prenota.vigezzinacentovalli.com)*.

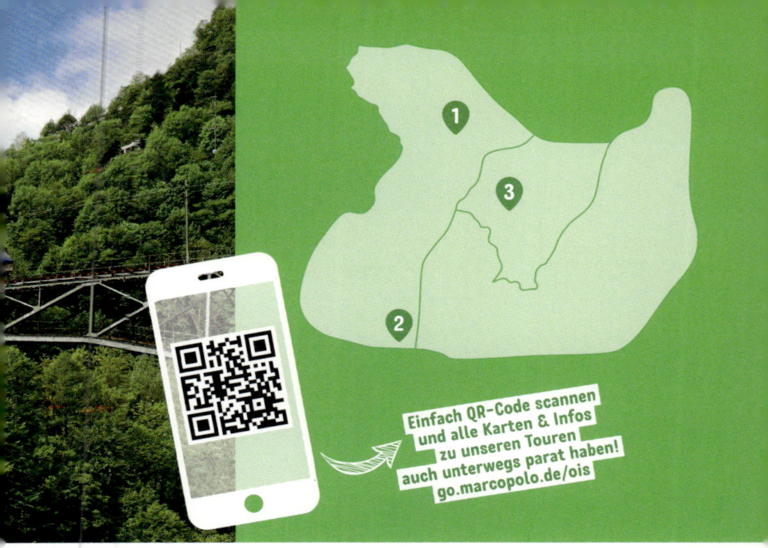

1
3
2
Einfach QR-Code scannen
und alle Karten & Infos
zu unseren Touren
auch unterwegs parat haben!
go.marcopolo.de/ois

Nur eine von 83: Brücke der Centovalli-Bahn bei Intragna

**TAG 1**

**❶ Locarno**

*Am Bahnhof in* **❶ Locarno ➤ S. 44** besteigst du den Zug der Centovalli-Bahn. *Auf der 53 km langen Strecke zwischen Locarno und Domodossola* schweift der Blick aus dem Zugfenster über eine gewaltige Landschaft. Die Bahn legt 1100 m Höhenunterschied zurück, schlängelt sich durch enge Schluchten, rollt über 83 Brücken und rattert durch 31 Tunnel. In diesem lebensgefährlichen Gelände waren früher die Schmuggler unterwegs.

**32 km**

In Re – nun schon auf der italienischen Seite – wird dir ein klotziges Bauwerk in neobyzantinisch-gotischem Stil ins Auge fallen: In der gewaltigen Wallfahrtskirche Santuario della Madonna del Sangue aus den 1950er-Jahren verehren Gläubige ein wundertätiges Marienbild.

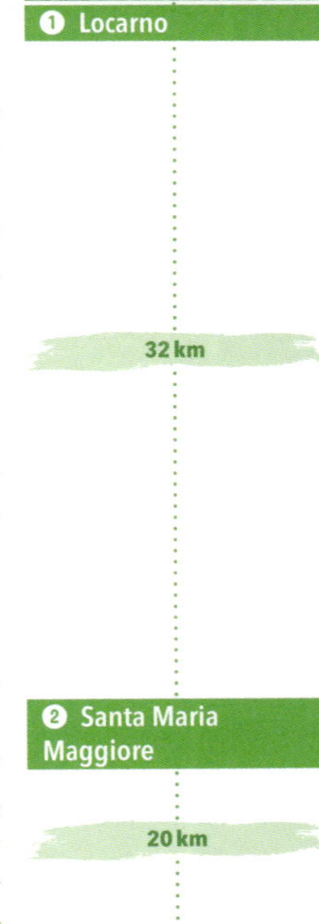

## ZWISCHENSTOPP FÜR GENIESSER

**❷ Santa Maria Maggiore**

**20 km**

Nach Re öffnet sich das Tal zu einer weiten Hochebene. Genießer legen in **❷ Santa Maria Maggiore** einen Stopp ein: *Stinchett,* feines Blätterteiggebäck, *prosciutto,* würziger Schinken, 40 Tage in Salz, Pfeffer, Rosmarin, Lorbeer, Muskat und Zimt eingelegt, oder *pagnotta rotonda,* süßes Roggenbrot mit Feigen, Rosinen und Nüssen, sind örtliche Spezialitäten. Das **Ristorante Le Co-**

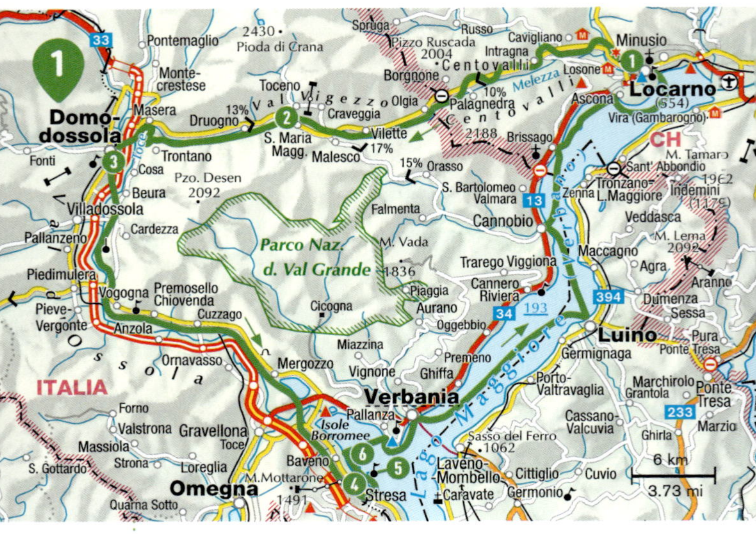


3 Domodossola

38 km

4 Stresa

lonne *(tgl. | Via Benefattori 7 | Tel. 0 32 49 48 93 | ristorantelecolonne.it | €€)* befindet sich *in unmittelbarer Nähe des Kaminfegermuseums* **Museo dello Spazzacamino** *(März–Mitte Juni und Mitte Sept.–Okt. Sa/So 10–12 und 15–17, Mitte Juni–Mitte Sept. Di–So 10–12 und 15–18 Uhr | museospazzacamino.it),* das an das harte Schicksal der Talbewohner erinnert, die seit dem 16. Jh. zur Auswanderung gezwungen waren und sich als Kaminfeger verdingten.

## EIN MONDÄNER APERITIF AM SEE

Von Santa Maria Maggiore dauert die Fahrt noch 43 Minuten bis nach **3 Domodossola**. *Von hier fahren die Anschlusszüge nach* **4 Stresa** **➤ S. 60** am Lago Maggiore. Nach engen Tälern und den von Abwanderung gezeichneten Bergdörfern spürt man am See wieder den Süden und sieht an den Uferpromenaden Fülle und Reichtum. Bei einem Aperitif auf der Terrasse des **Grand Hôtel des Iles Borromées**, wo sich seit über 150 Jahren die Reichen und Schönen erholen, lässt du die Eindrücke des Tages Revue passieren. Als Nachtquartier empfiehlt sich das einfache, familiär geführte **Hotel Fiorentino** *(hotelfiorentino.com) in der Fußgängerzone.*

INSIDER-TIPP
**Süße Blumen**

Verlass Stresa nicht ohne das typische Mandelgebäck *margheritine!* Du findest die „Margeritchen" u. a. in der **Gigi Bar** *schräg gegenüber dem Landungssteg der Ausflugsboote. Nimm am Vormittag um 10 oder 10.30 Uhr das Boot zu den* **Borromäischen Inseln** ➤ S. 62 *und fahr bis zur* **5 Isola Bella**. Wenn du die dortigen Terrassengärten, den Barockpalast und die kieselsteinverzierten Grotten ausgiebig bestaunt hast, *hüpfst du zur Mittagszeit auf ein Boot zur* **6 Isola Superiore**, wo du im eleganten *Ristorante Casa Bella (tgl. | Via del Marinaio 1 | Tel. 034 02 59 47 18 | ristorantecasabella.it | €€)* ein ausgezeichnetes Mittagsmenü mit phantastischem Seeblick genießt.

### DREI ENTSPANNTE STUNDEN AUF DEM LAGO

*Dein Boot für die letzte Etappe legt um 16.15 Uhr ab.* Vorbei an prächtigen Villen, malerischen Dörfern und stillen Buchten schippert es gemächlich und mit vielen Zwischenstopps am piemontesischen wie am lombardischen Seeufer *nach* **1 Locarno**, *wo es um 19.35 Uhr anlegt.* Dort angekommen, lässt du im **Lido** mit seinem weitläufigen Wellnessbereich den Tag ausklingen. Vom Ruhebecken im Freien genießt du eine sagenhafte Aussicht auf den Lago Maggiore und die umliegenden Berge.

**TAG 2**
2 km
**5 Isola Bella**
1 km
**6 Isola Superiore**
53 km
**1 Locarno**

## 2 SIEBEN-SEEN-TOUR IM VARESOTTO

- ➤ Stippvisite bei keltischen Pfahlbauten im Schilf
- ➤ Mit Blick auf Viertausender um einen See radeln
- ➤ Besuch im Jugendstilreich eines Bierbrauers

Sesto Calende

Ponte Tresa

ca. 60 km plus gut 27 km Radstrecke

2 Tage, reine Autofahrzeit 2–2 ½ Stunden

Auf der **5 Isolino Virginia** ist die Renovierung des Museums geplant, währenddessen ist die Überfahrt auf die Insel ausgesetzt. Die Daten für Start und Ende der Arbeiten standen bei Redaktionsschluss noch nicht fest. Aktuelle Informationen: *navigazioneinterna.it/lago-di-varese-isolino-virginia*

*Startpunkt ist in* ❶ **Sesto Calende** *am südlichen Zipfel des Lago Maggiore,* wo der Fluss Ticino den See wieder verlässt. Bereits *wenige Autominuten nördlich* kannst du die Seen Nummer zwei und drei auf deiner Liste abhaken: den ❷ **Lago di Comabbio** und den ❸ **Lago di Monate**, zwei sogenannte Endmoränenseen mit einer eher geringen Tiefe von lediglich 20 bis 25 m. Ebenfalls in der letzten Eiszeit ist der mit 15 km² größte See des Varesotto entstanden, der **Lago di Varese**. *In* ❹ **Biandronno** *bietet sich ein Halt an: Mit dem Boot gelangst du von hier auf die dem Ufer fast unmittelbar vorgelagerte kleine Insel* ❺ **Isolino Virginia**, wo ein Museum über die Geschichte der keltischen Pfahlbauer erzählt, die hier einst lebten. Mit ihrem dichten Schilfbewuchs ist sie auch ein Vogelparadies.

## AUF DEN FAHRRADSATTEL!

*Nur wenige Minuten weiter am Nordende des Sees* mietest du dir nun im ❻ **Lido di Gavirate** ➤ S. 66 ein Rad (oder ein Tandem!), um den Lago di Varese per *bicicletta* zu umrunden – eine schöne, leicht zu bewältigende *pista ciclabile führt auf gut 27 km rund um den See.* Plan dafür drei Stunden ein, denn unterwegs solltest du in ❼ **Cazzago Brabbia** die **Eiskeller** besichtigen. Dabei handelt es sich um kreisförmige Gebäude aus dem 18. Jh., die tief in die Erde reichen. Im Winter füllte man diese mit Schnee, der festgestampft und mit Heu abgedeckt wurde. So entstand eine Art vormoderner Kühlschrank, in dem der Fischfang aus dem See auch im Sommer frisch gehalten werden konnte.

## AUTOFREIER STADTBUMMEL

Sehenswert ist auch die Stadt, die dem See den Namen gibt: ❽ **Varese** ➤ S. 65 liegt allerdings nicht am Wasser, sondern ein wenig erhöht auf einem Hügelkamm. Mit ihren Laubengängen rund um den autofreien Corso Matteotti eignet sich die Stadt bestens für einen Shoppingbummel mit anschließendem Aperitif. Quartier dich im **Albergo Ristorante Bologna** *(albergobologna.it)* ein: Dann brauchst du für ein vorzügliches und reichhaltiges Abendessen das Haus nicht mehr zu verlassen.

*Von Varese fährst du weiter Richtung Norden* in die grüne, urwüchsige **Valganna**. Nicht zu übersehen ist *beim Taleingang am Straßenrand* die 1878 gegründete Bierbrauerei **9 Birrificio Angelo Poretti** mit eindrucksvollem Produktionsgebäude im Jugendstil. Täglich finden zwei anderthalbstündige Führungen statt *(Beginn um 10.30 bzw. 15 Uhr, Reservierung auf visite.birrificioporetti.it empfohlen).*

**TAG 2**

5 km

**9 Birrificio Angelo Poretti**

6 km

### ZUM ZIEL AN DER SCHWEIZER GRENZE

*Auf der Weiterfahrt kommst du an einem imposanten Wasserfall vorbei,* ehe das Tal allmählich breiter wird

und auf einer Hochebene dem unter Naturschutz stehenden **10 Lago di Ganna** Platz macht. Versäum in **11 Ganna** nicht, einen Blick in die im 12. Jh. gegründete Abtei **San Gemolo** *(san-gemolo.it)* zu werfen. Empfehlenswert ist anschließend ein Halt im **Ristorante Tre Risotti** *(Di geschl. | Via Roma 3 | Tel. 03 32 71 97 20 | trerisottialbergo.it | €€)* – drei Mal darfst du raten, was die Spezialität des Hauses ist (es gibt aber auch hausgemachte Pasta!). Vorletzter See der Tour ist der im Winter oft zugefrorene **12 Lago di Ghirla** – 1914 fanden hier die ersten italienischen Meisterschaften im Eisschnelllauf statt. *Über Marchirolo* geht es dann weiter ins Grenzstädtchen **13 Ponte Tresa** ➤ S. 85 am **Luganer See** – womit du den siebten See auf dieser Fahrt erreicht hast.

# 3 AM, AUF UND ÜBER DEM LUGANER SEE

- ➤ **Panoramen genießen auf Luganos Hausberg voller Legenden**
- ➤ **Bei einer Minikreuzfahrt auf dem See relaxen**
- ➤ **Durch Kastanienwälder und malerische Dörfer wandern**

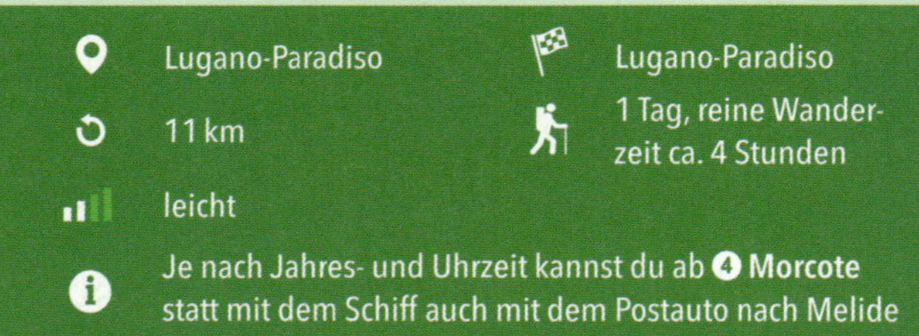

Nimm *die erste Standseilbahn* ➤ S. 80, die dich von **1 Lugano-Paradiso** in zwölf Minuten hoch auf den 912 m hohen **2 Monte San Salvatore** ➤ S. 80 bringt. Das Panorama auf die Stadt, den See und die Alpen ist umwerfend. Kein Wunder, dass Jesus auf dem Weg in den Himmel hier eine Rast machte, um einen letzten Blick auf das irdische Paradies zu werfen – diese und weitere Legenden erfährst du im **Museum** *im kleinen Gipfelhospiz.* Vor dem Abstieg *umrundest du noch den*

*Gipfel auf einem 2 km kurzen* **Fauna-und-Flora-Lehrpfad**.

*Dann führt dich der gut ausgeschilderte Weg hinunter nach Morcote* durch üppige Vegetation und Kastanienwald. *Nach anderthalb Stunden erreichst du das malerische Dorf* ❸ **Carona** ➤ S. 89 mit seinen sechs Kirchen und Kapellen. Nimm dir die Zeit, beim Dorfeingang auf das nächste Postauto zu warten: Es ist ein Spektakel, zu beobachten, wie der Fahrer den Bus millimetergenau durch das enge Dorftor manövriert. Vertreib dir die Wartezeit mit einem Blick in die Pfarrkirche **San Giorgio** und staun dort über das Fresko „Das Jüngste Gericht" aus dem 15. Jh. von Domenico Pezzi.

INSIDER-TIPP
**Zentimeterarbeit für den Busfahrer**

## ERFRISCHUNG IN DER PISCINA

Wenn das Wetter passt, kannst du dich nun im **Schwimmbad** mit 10-m-Sprungturm abkühlen. Danach darfst du dich auf die Einkehr im **Ristorante San Grato** *(Di geschl. | Via San Grato 2 | Tel. 09 16 30 66 61 | €)* freuen, das mitten in einem Meer aus Rhododendren und Azaleen liegt und dir neben hausgemachten Pastagerichten eine wunderbare Aussicht bietet. *Über die Alpe Vicania führt der Weg anschließend Richtung Morcote an den See hinunter.* Auf rund 1200 Treppenstufen geht es mit phantastischen Tiefblicken auf den Lago di Lugano bergab.

In ❹ **Morcote** ➤ S. 89 angekommen, entspannst du dich im einzigartigen Hanggarten **Parco Scherrer** mit seinen malerischen Lauben und orientalischer Kunst. Wunderbar erholsam ist schließlich auch die gut halbstündige Fahrt mit dem Schiff zurück nach ❶ **Lugano-Paradiso** – genieß diese Minikreuzfahrt durch den südlichen Arm des Luganer Sees und lass dich im Idealfall von einer sanften Seebrise in der Abendsonne streicheln.

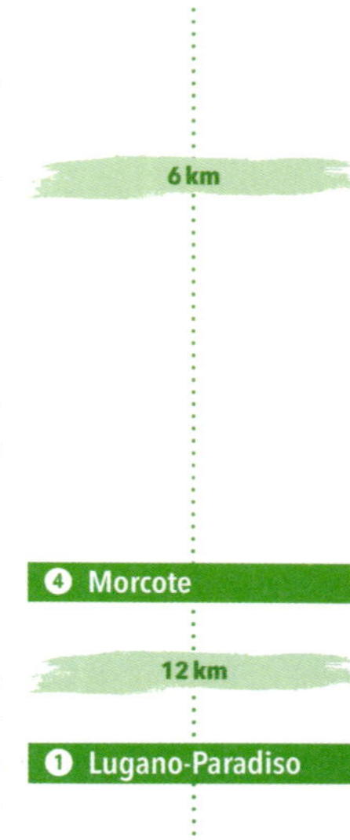

# GUT ZU WISSEN

## DIE BASICS FÜR DEINEN URLAUB

## ANKOMMEN

### ANREISE

Der Hauptverkehrsstrom fließt von Basel bzw. Zürich über die Schweizer Autobahn A2 durch den Gotthardtunnel ins Tessin und weiter nach Como. Weniger stauanfällig und deshalb als Alternativstrecke nicht nur aus dem österreichischen, bayerischen und ostdeutschen Raum zu empfehlen ist die Strecke über die A13 durch den San-Bernardino-Tunnel. Der Comer See ist auch auf Landstraßen über den Splügen- oder Majolapass zu erreichen. Von Osten führt die italienische A4 von Verona an die Oberitalienischen Seen.

Bahnverbindungen führen über Basel, Zürich oder Chur nach Bellinzona (hier umsteigen nach Locarno), Lugano, Como und Mailand. Von Basel aus erreicht man auch ohne umzusteigen Domodossola, Stresa, Arona und Mailand. Der Eurocity Express von Frankfurt nach Mailand hält auf der Hinfahrt u. a. in Bellinzona, Lugano und Como, auf der Rückfahrt in Stresa (unterschiedliche Streckenführung!). Von München oder Österreich aus fährt man am einfachsten über Verona nach Mailand bzw. Como. *bahn.de, trenitalia.com, sbb.ch*

Auch mit dem Fernbus *(flixbus.de)* gelangt man ins Gebiet der Oberitalienischen Seen. Lugano, Como und Mailand werden von verschiedenen deutschen Städten aus angefahren.

Der wichtigste Flughafen für die Region ist Mailand-Malpensa *(milanomalpensa-airport.com)*. Er befindet sich weit außerhalb der Metropole unweit vom südlichen Ende des Lago Maggiore. Arona und Intra sind mit dem Linienbus erreichbar. Ins Tessin (Mendrisio und Lugano) und nach Varese verkehren private Shuttlebusse *(malpensa-express.com)*. Die S-Bahn-

Bei der Schifffahrt auf den Seen – hier bei Gandria – gilt oft das Motto „Der Weg ist das Ziel"

Linie S 50 *(tilo.ch)* verbindet Como über Mendrisio und Varese mit den Terminals 1 und 2. Oder man fährt von Malpensa nach Mailand: Vom Bahnhof Milano Centrale gibt es direkte Verbindungen nach Como, Lugano oder Lecco. Nicht weit vom östlichen Ende des Comer Sees befindet sich Bergamos Flughafen Orio al Serio *(milanbergamoairport.it)*, der vor allem von Billigfluglinien angeflogen wird. Von dort geht es per Bus nach Mailand oder per Zug über Bergamo nach Lecco.

# WEITER-KOMMEN

**AUTO**

Höchstgeschwindigkeit innerorts 50, auf Landstraßen 90 (Schweiz 80), auf Autobahnen 130 (in der Schweiz 120) km/h, in Italien bei Regen 110 km/h. In Italien ist beim Verlassen des Wagens bei Notfällen außerhalb geschlossener Ortschaften das Tragen einer Warnweste Pflicht. Die Promillegrenze liegt bei 0,5.

In Italien und der Schweiz muss auf allen Straßen außerhalb geschlossener Ortschaften auch am Tag das Abblendlicht eingeschaltet werden! Die italienischen *autostrade* sind mautpflichtig *(pedaggio)*, für die Schweizer Autobahnen benötigt man eine Vignette (40 Franken für ein Kalenderjahr).

Pannendienst des italienischen Automobilclubs ACI: *Tel. 80 31 16*, vom Handy *Tel. 8 00 11 68 00* (Schweiz: *Tel. 1 40*). Tankstellen in Italien sind außer an der Autobahn in der Mittagszeit und sonntags meist geschlossen, viele haben aber Tankautomaten. Fahr in Grenznähe zum Tanken rasch in die Schweiz: Die zahlreichen Tankstellen zeugen davon, dass der Sprit in der Schweiz deutlich billiger ist.

### MIETWAGEN

Einen Kleinwagen erhält man ab ca. 60 Euro pro Tag, Wochenpauschalen beginnen bei ca. 300 Euro. Meist ist es preiswerter, den Mietwagen vor der Reise von zu Hause aus zu buchen.

### ÖFFENTLICHE VERKEHRSMITTEL

Am Westufer des Lago Maggiore erreichst du mit der Eisenbahn u. a. Verbania-Fondotoce, Stresa, Arona und Sesto Calende. Am Ostufer sind Luino und Laveno-Mombello die wichtigsten Bahnhöfe. Am Luganer See kreuzt die Bahn den See über den Damm von Melide und lässt den westlichen Seearm links liegen. Am Comer See führt die Eisenbahnstrecke am östlichen Ufer entlang von Colico bis Lecco mit Anschluss nach Como.

Die anderen Gebiete werden mit dem gelben, „Postauto" genannten Bus (in der Schweiz) oder mit dem blauen Bus (in Italien) angesteuert. So kommst du mit öffentlichen Verkehrsmitteln praktisch überall hin und kannst auch Wanderungen unternehmen, bei denen du nicht an den Ausgangspunkt zurückkehren musst. Zu beachten sind allerdings die meist seltenen Fahrten in abgelegene Orte.

Auf den drei großen Seen verkehren öffentliche Schifffahrtslinien, die alle wichtigen Orte im Personenverkehr miteinander verbinden, die du aber natürlich auch nach dem Motto „Der Weg ist das Ziel" für eine entspannte Kreuzfahrt auf dem See nutzen kannst, die dir zudem Einblicke in Villengrundstücke gewährt, die so nur von der Seeseite möglich sind. Darüber hinaus gibt es häufig verkehrende Autofähren: auf dem Lago Maggiore zwischen Intra und Laveno, auf dem Comer See zwischen Menaggio, Bellagio und Varenna. Fahrplan und Tarife über die Websites *navigazionelaghi.it, lakelocarno.com* bzw. *lakelugano.ch*.

# IM URLAUB

### AGRITOURISMUS & FERIENWOHNUNGEN

Wachsender Beliebtheit erfreuen sich in Italien – allerdings nicht direkt an den Seen – Ferien auf dem Bauernhof *(agriturismo)*. Bei Ferienwohnungen reicht das Angebot vom einfachen Steinhäuschen für 200 bis zur prunkvollen Villa für 2000 Euro pro Woche.

### CAMPING

Die Region um die Oberitalienischen Seen ist ein kleines Campingparadies. Allein am Comer See gibt es rund vier Dutzend Plätze, vom kleinen, romantischen Zeltplatz bis zur bestens ausgerüsteten Zeltstadt. Ausführliche Verzeichnisse erhält man über die Fremdenverkehrsvereine der Regionen. Wildes Camping wird nicht geduldet. Auch Wohnmobile dürfen nicht einfach am Straßenrand abgestellt werden, sondern nur auf dafür ausgewiesenen Stell- oder Campingplätzen.

### EINTRITTSPREISE

Die Eintrittspreise für Museen sind relativ teuer. Die 10 Franken für das Hes-

# FESTE & EVENTS

## RUND UMS JAHR

**JANUAR**

**Rogo della Giubana** (Como und Brianza): Eine riesige Puppe wird zur Vertreibung des Winters verbrannt.

**FEBRUAR/MÄRZ**

**Karneval** (vielerorts, besonders in Lecco und Schignano, sowie der **Rabadan** in Bellinzona, *rabadan.ch*)

**MÄRZ/APRIL**

**Osterprozession** (Mendrisio), *processionimendrisio.ch*
**Kamelienschau** (Verbania, Locarno)

**MAI**

**Palio** (Mendrisio): lustiges Eselrennen

**JUNI**

**Festival Cusiano di Musica Antica** (Isola di San Giulio im Ortasee), *amicimusicacocito.it*
**Sagra di San Giovanni** (Isola Comacina) zu Ehren von Johannes dem Täufer, *comacina.it*
**Jazzfestival** (Ascona), *jazzascona.ch*

**JULI**

**Estival** (Lugano), *estivaljazz.ch:* Jazzfestival
**Moon & Stars** (Locarno), *moonandstarslocarno.ch:* zehntägige Konzertreihe auf der Piazza Grande
**Festival di Bellagio e del Lago di Como** (Bellagio), *bellagiofestival.com:* vier Wochen mit Theater, Musik, Ausstellungen

**JULI/AUGUST**

**Stresa Festival** (Stresa), *stresafestival.eu:* Klassik und Jazz im Konzert

**AUGUST**

**Locarno Festival,** *locarnofestival.ch:* Freiluftkino auf der Piazza Grande (Foto)

**SEPTEMBER/OKTOBER**

**Wein- und Kastanienfeste** (vielerorts)

**DEZEMBER**

**Weihnachtskrippen** (vielerorts, besonders lohnend in Vira im Gambarogno)

**WAS KOSTET WIE VIEL?**
*(Durchschnittspreise für die italienische Seite)*

| | |
|---|---|
| **Kaffee** | ab 1,20 Euro *am Tresen in der Bar für einen Espresso* |
| **Eis** | ab 2 Euro *für die kleinste Portion (Waffel oder Becher)* |
| **Wein** | ab 4 Euro *für eine Karaffe (0,25 l) Hauswein* |
| **Schiff** | 2,50 Euro *pro Haltestelle auf dem Comer See* |
| **Benzin** | um 1,80 Euro *für 1 l Super 95* |
| **Mitbringsel** | ab 7 Euro *für 1 l Olivenöl extravergine* |

se-Museum in Montagnola oder die 15 Euro für die Villa Carlotta am Comer See sind noch moderat, wenn man den Eintritt für Touristenmagneten wie die Isola Bella (20 Euro) oder das Swissminiatur (21 Franken) in Melide zum Vergleich nimmt. Generell ist das Preisniveau in Italien wesentlich günstiger als in der Schweiz. Kinder und Rentner erhalten in beiden Ländern fast überall eine Ermäßigung. Auch bei den Strandbädern sind die Preise uneinheitlich. Es gibt immer weniger öffentliche Strände *(bagno pubblico* oder *spiaggia pubblica)* mit freiem Eintritt. Richtige Strandbäder *(lido)* verlangen ab 5 Franken bzw. 3 Euro Eintritt.

## FEIERTAGE

| | |
|---|---|
| **1. Jan.** | *Capodanno* (Neujahr) |
| **6. Jan.** | *Epifania* (Hl. Drei Könige) |
| **19. März** | *San Giuseppe* (St. Josef, nur Tessin) |
| **März/April** | *Lunedì di Pasqua* (Ostermontag) |
| **25. April** | *Liberazione* (Befreiung vom Faschismus, nur Italien) |
| **1. Mai** | *Festa del Lavoro* (Tag der Arbeit) |
| **Mai/Juni** | *Ascensione* (Christi Himmelfahrt), *Lunedì di Pentecoste* (Pfingstmontag) und *Corpus Domini* (Fronleichnam, alle drei nur Tessin) |
| **2. Juni** | *Festa della Repubblica* (Tag der Republik, nur Italien) |
| **29. Juni** | *Santi Pietro e Paolo* (Peter und Paul, nur Tessin) |
| **1. Aug.** | *Festa Nazionale* (Nationalfeiertag, nur Tessin) |
| **15. Aug.** | *Ferragosto* (Mariä Himmelfahrt) |
| **1. Nov.** | *Ognissanti* (Allerheiligen) |
| **8. Dez.** | *Immacolata Concezione* (Mariä Empfängnis) |
| **25. Dez.** | *Natale* (Weihnachten) |
| **26. Dez.** | *Santo Stefano* (Zweiter Weihnachtsfeiertag) |

## GELD & KREDITKARTEN

Geldautomaten sind flächendeckend vorhanden. Die gängigen Kreditkarten sind in beiden Ländern weit verbreitet und auch bei der Begleichung kleinerer Beträge nicht ungewöhnlich. In der Schweiz kann man meist auch mit Euro bezahlen, erhält das Wechselgeld dann aber in Franken.

## INTERNETZUGANG & WLAN

WLAN-Hotspots sind in großen Tessiner Ortschaften verbreitet, in italienischen etwas weniger. Bei besseren Campingplätzen und Hotels sind sie Standard.

### ÖFFNUNGSZEITEN

In Italien haben viele Geschäfte – außer den Lebensmittelläden – am Montagvormittag geschlossen. Im Allgemeinen gelten folgende Zeiten: montags 15.30 bis 19 Uhr, dienstags bis samstags 9 bis 12.30 oder 13 und 15 bis 19.30 oder 20 Uhr, größere Supermärkte und Warenhäuser durchgehend ohne Mittagspause. In den Touristenzentren an den Seen ist in der Saison oft bis spät in den Abend hinein und oft auch am Sonntagvormittag von 8.30 oder 9 bis 12 oder 13 Uhr geöffnet. Supermärkte sind in Italien auch sonntags geöffnet.

Im Tessin gelten im Wesentlichen die schweizerischen Öffnungszeiten: montags bis freitags von 8 bis 18.30, samstags von 8 bis 17 Uhr, am Donnerstag Abendverkauf bis 21 Uhr.

### TELEFON & HANDY

Vorwahlen: Italien *0039*, Schweiz *0041*, Deutschland *0049*, Österreich *0043*. Sowohl in Italien als auch in der Schweiz gibt es keine Vorwahlen mehr, es muss auch innerorts immer die vollständige Nummer gewählt werden und bei Anrufen aus dem Ausland bzw. von einem ausländischen Handy auf einen Festnetzanschluss in Italien muss auch die Null am Anfang der Nummer mitgewählt werden – bei Anrufen in der Schweiz hingegen muss sie weggelassen werden.

### TRINKGELD

In beiden Ländern ist der Service in den Preisen inbegriffen. Wenn du mit der Bedienung zufrieden warst, ist in Restaurants vor allem in der Schweiz ein Trinkgeld (ca. fünf bis zehn Prozent) üblich. Bei besonderen Dienstleistungen des Tankwarts oder Hotelpersonals ist ein Trinkgeld von 2 bis 5 Euro oder Franken angemessen.

## NOTFÄLLE

### DIPLOMATISCHE VERTRETUNGEN

- *Deutsches Konsulat Mailand: Tel. 02 62 31 11 01, im Notfall 33 57 90 41 70 | italien.diplo.de*
- *Deutsches Konsulat Lugano: Tel. 09 19 22 78 82 | bern.diplo.de*
- *Österreichisches Konsulat Mailand: Tel. 02 77 80 78 0 | bmeia.gv.at*
- *Österreichisches Honorarkonsulat Lugano: Tel. 07 74 55 27 55 | oe-konsulat-ti.ch*
- *Schweizer Konsulat Mailand: Tel. 02 77 79 16 1 | eda.admin.ch*

### GESUNDHEIT

Erste Hilfe erhält man bei der Notfallstation des Krankenhauses *(pronto*

#### GRÜN & FAIR REISEN

Du willst beim Reisen deine $CO_2$-Bilanz im Hinterkopf behalten? Dann kannst du deine Emissionen kompensieren *(atmosfair.de; myclimate.org)*, deine Route umweltgerecht planen *(routerank.com)* oder auf Natur und Kultur *(gate-tourismus.de)* achten. Mehr über ökologischen Tourismus erfährst du hier: *oete.de* (europaweit); *germanwatch.org* (weltweit).

Die Gipfel noch verschneit, am See bereits milde Frühlingsluft: Bellagio am Comer See

*soccorso)* gratis, in kleineren Orten beim Notarzt *(guardia medica).* Beim Arztbesuch legst du deine European Health Insurance Card (EHIC) vor. Sollte diese nicht oder nur mit einigem bürokratischem Aufwand akzeptiert werden, reicht man Arzt- und Apothekenrechnungen der heimischen Krankenkasse zur meist unproblematischen Erstattung ein – oder du schließt eine Reisekrankenversicherung ab. Apotheken *(farmacia)* sind mit einem grünen Kreuz gekennzeichnet. Ein Verzeichnis mit den nachts und feiertags geöffneten Apotheken *(farmacie di turno)* ist an den Apotheken ausgehängt.

**NOTRUF**

Die europaweite Notrufnummer ist *1 12.* In Italien sind außerdem *1 13* (Polizei) und *1 15* (Feuerwehr) in Betrieb, in der Schweiz *1 17* (Polizei) und *1 18* (Feuerwehr). In den Schweizer Alpen wendet man sich im Notfall an die Nummer *14 14.*

# WICHTIGE HINWEISE

**AUSKUNFT**

- *enit.de*
- *Schweiz Tourismus (Tel. 0 08 00 10 02 00 29 | myswitzerland.com)*
- *Ente Turistico Lago Maggiore (Tel. 08 48 09 10 91 | ascona-locarno.com)*
- *Ticino Turismo (Tel. 04 19 18 25 70 56 | ticino.ch)*
- *Ufficio Informazioni Turistiche di Como (Tel. 0 31 26 97 12 | lakecomo.is)*
- *Ufficio Informazioni Turistiche di Lecco (Tel. 03 41 29 57 20 | lakecomo.is)*
- *Distretto Turistico dei Laghi (Tel. 0 32 33 04 16 | distrettolaghi.it)*
- *Agenzia del Turismo della Provincia di Varese (Tel. 03 32 25 24 12 | vareselandoftourism.com)*

Touristische Tipps finden sich darüber hinaus u. a. auf den folgenden Websites: *derlagomaggiore.de; luganoregion.com; mylagomaggiore.de; comersee-feriendomizile.de. itinerarium.it* zeigt Wanderwege um den Lago Maggiore; auf *autostrade.it* findet man Verkehrsinfos, *ansa.it* ist die Website der italienischen Nachrichtenagentur mit Meldungen auch auf Englisch und *museionline.info* versammelt alle italienischen Museen, mit Ausstellungsübersicht.

**KLIMA & REISEZEIT**

Mit Ostern beginnt die Reisesaison. Traumhaft schön sind Frühling und Herbst. Scheint die Sonne, wirst du mit klarer Luft, angenehmen Temperaturen und phänomenaler Fernsicht beschenkt. Trotz Sonne satt: Zwischen April und Oktober fällt trotzdem auch viel Regen: Insubrisches Klima nennt sich diese Wetterkombination aus vielen Sonnenstunden und hohen Niederschlagsmengen (in kurzer Zeit kann sehr viel Regen fallen). Von Mitte Juni bis Anfang September sind in Italien Sommerferien und alle zieht es an die Strände. In der sommerlichen Hochsaison kann es schwierig werden, kurzfristig ein Hotelzimmer oder einen Stellplatz auf einem Campingplatz zu finden. Von speziellem Reiz ist der kurze, ausgesprochen trockene Winter: In den Bergen liegt Schnee, aber in geschützten Winkeln an den Seen genießt du schon die Vorboten des Frühlings. Allerdings schließen einige Hotels im Winterhalbjahr ganz oder öffnen nur zu den Feiertagen.

**ZOLL**

Innerhalb der EU dürfen Waren für den privaten Bedarf frei ein- und ausgeführt werden. In die Schweiz sowie aus der Schweiz in die EU zollfrei importieren darfst du u. a. 4 l Wein (EU) bzw. 5 l Wein (Schweiz) und 1 l Spirituosen, 200 Zigaretten (EU) bzw. 250 Zigaretten (Schweiz) sowie Souvenirs im Wert von 300 Franken bzw. 300 Euro. *zoll.admin.ch, zoll.de*

## WETTER IN PALLANZA

Hauptsaison
Nebensaison

| | JAN. | FEB. | MÄRZ | APRIL | MAI | JUNI | JULI | AUG. | SEPT. | OKT. | NOV. | DEZ. |
|---|---|---|---|---|---|---|---|---|---|---|---|---|
| Tagestemperaturen | 6° | 9° | 13° | 18° | 21° | 26° | 29° | 28° | 24° | 17° | 11° | 7° |
| Nachttemperaturen | -1° | 0° | 4° | 7° | 12° | 15° | 18° | 17° | 14° | 9° | 5° | 1° |
| Sonnenschein Stunden/Tag | 4 | 5 | 5 | 6 | 7 | 7 | 8 | 7 | 6 | 5 | 3 | 3 |
| Niederschlag Tage/Monat | 4 | 4 | 6 | 9 | 12 | 9 | 8 | 7 | 8 | 7 | 8 | 6 |
| Wassertemperatur | 8° | 9° | 9° | 11° | 14° | 18° | 20° | 22° | 19° | 16° | 12° | 9° |

Sonnenschein Stunden/Tag · Niederschlag Tage/Monat · Wassertemperatur

# SPICKZETTEL ITALIENISCH

## SMALLTALK

Ein Akzent steht im Italienischen nur, wenn die letzte Silbe betont wird. Ansonsten haben wir die Betonung durch einen Punkt unter dem betonten Vokal angegeben.

| | |
|---|---|
| ja/nein/vielleicht | **sì/no/fọrse** |
| bitte/danke | **per favọre/grạzie** |
| Entschuldige!/Entschuldigen Sie! | **Scụsa!/Scụsi!** |
| Wie bitte? | **Cọme dịce?/Prẹgo?** |
| Gute(n) Morgen!/Tag!/Abend!/Nacht! | **Buọn giọrno!/Buọn giọrno!/Buọna sẹra!/Buọna nọtte!** |
| Hallo!/Tschüss!/Auf Wiedersehen! | **Cịao!/Cịao!/Arrivedẹrci!** |
| Ich heiße … | **Mi chiạmo …** |
| Wie heißen Sie?/Wie heißt du? | **Cọme si chiạma?/Cọme ti chiạmi?** |
| Ich möchte …/Haben Sie …? | **Vorrẹi …/Avẹte …?** |
| Das gefällt mir (nicht). | **(Non) mi pịace.** |
| gut/schlecht | **buọno/cattịvo** |

## ZEIGEBILDER

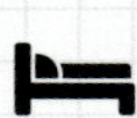

## ESSEN & TRINKEN

| | |
|---|---|
| Die Speisekarte, bitte. | Il menù, per favọre. |
| Flasche/Karaffe/Glas | bottịglia/carạffa/bicchiẹre |
| Messer/Gabel/Löffel | coltẹllo/forchẹtta/cucchiạio |
| Salz/Pfeffer/Zucker | sạle/pẹpe/zụcchero |
| Essig/Öl/Milch/Sahne/Zitrone | acẹto/ọlio/lạtte/pạnna/limọne |
| mit/ohne Eis/Kohlensäure | con/sẹnza ghiạccio/gas |
| kalt/versalzen/nicht gar | frẹddo/trọppo salạto/non cọtto |
| Vegetarier(in)/Allergie | vegetariạno/vegetariạna/allergịa |
| Ich möchte zahlen, bitte. | Vorrẹi pagạre, per favọre. |
| Rechnung/Quittung/Trinkgeld | cọnto/ricevụta/mạncia |
| bar/Kreditkarte | in contạnti/cạrta di crẹdito |

## NÜTZLICHES

| | |
|---|---|
| Wo finde ich ...? | Dọve pọsso trovạre ...? |
| links/rechts/geradeaus | sinịstra/dẹstra/drịtto |
| Wie viel Uhr ist es? | Che ọra è? Che ọre sọno? |
| Es ist drei Uhr./Es ist halb vier. | Sọno le tre./Sọno le tre e mẹzza. |
| heute/morgen/gestern | ọggi/domạni/iẹri |
| Wie viel kostet ...? | Quạnto cọsta ...? |
| zu viel/viel/wenig/alles/nichts | trọppo/mọlto/pọco/tụtto/niẹnte |
| teuer/billig/Preis | cạro/econọmico/prẹzzo |
| Wo finde ich einen Internetzugang/ WLAN? | Dọve trọvo un accẹsso ịnternet/ wi-fi? |
| offen/geschlossen | apẹrto/chiụso |
| kaputt/funktioniert nicht | guạsto/non funziọna |
| Panne/Werkstatt | guạsto/officịna |
| Fahrplan/Fahrschein | orạrio/bigliẹtto |
| Zug/Gleis/Bahnsteig | trẹno/binạrio/banchịna |
| Hilfe!/Achtung!/Vorsicht! | Aiụto!/Attenziọne!/Prudẹnza! |
| Verbot/verboten/Gefahr/gefährlich | diviẹto/vietạto/perịcolo/ pericolọso |
| Apotheke | farmacịa |
| Fieber/Schmerzen | fẹbbre/dolọri |
| 0/1/2/3/4/5/6/7/8/9/10/ 100/1000 | zẹro/ụno/dụe/tre/quạttro/cịnque / sẹi/sẹtte/ọtto/nọve/diẹci/cẹnto/ mịlle |

# URLAUBS FEELING

## ZUM EINSTIMMEN & AUSKLINGEN

## LESESTOFF & FILMFUTTER

### OCEAN'S TWELVE

Szenen für Steven Soderberghs Fortsetzung des Ganovenfilms mit Starbesetzung – George Clooney, Brad Pitt, Julia Roberts, Catherine Zeta-Jones – wurden 2004 am Comer See gedreht, u. a. in der Villa Erba in Cernobbio.

### DIE BRAUTLEUTE

Alessandro Manzonis monumentalen historischen Roman „I Promessi Sposi" (1842) hat Burkhart Kroeber auf erfrischende Art neu übersetzt. Die anrührende Geschichte von Renzo und Lucia spielt zwischen Como, Lecco und Mailand.

### MEINE ERSTEN SIEBEN JAHRE UND EIN PAAR DAZU

Dario Fo, Dramatiker und Literaturnobelpreisträger von 1997, beschrieb 2002 amüsant bis skurril seine Jugend am Lago Maggiore, erste Begegnungen mit Malerei und Literatur und die Anfänge des Faschismus aus Sicht eines Kindes.

### LAST OF US

In seiner Dokumentation *(short.travel/ois7)* von 2021 lässt Filmemacher Andrea Marcovicchio viele der letzten Fischer vom Lago Maggiore zu Wort kommen, nimmt dich mit aufs Wasser und besucht Fischzüchter.

## PLAYLIST QUERBEET

0:58

**DAVIDE VAN DE SFROOS – EREVA E TIVAN**
Folk zum windigen Lebensgefühl am Comer See vom *cantautore* aus Como

**ALICE – UNA NOTTE SPECIALE**
Stürmte 1981 die deutschen Charts und hat bis heute nichts von seiner Faszination eingebüßt

**LEVANTE – TIKIBOMBOM**
Pophymne für Freiheit und Vielfalt, 2020 in San Remo im Rennen – ein Dauerbrenner im Radio

**TOMMASO PARADISO – NON AVERE PAURA**
Der Gründer der Indieband Thegiornalisti ist jetzt solo unterwegs. Dieser Song machte den Anfang

**GHALI – CARA ITALIA**
Das Video des Mailänder Rappers mit tunesischen Wurzeln entstand u.a. im Marmorsteinbruch Ornavasso unweit des Mergozzosees

Den Soundtrack zum Urlaub gibt's auf **Spotify** unter **MARCO POLO Italy**

Oder Code mit Spotify-App scannen

## AB INS NETZ

**SHORT.TRAVEL/PIE2**
Der Lago Maggiore bei Verbania aus der Vogelperspektive: Ein Paraglider filmt seinen Flug.

**DREAM LAKE**
Die App der Navigazione Laghi für den Ticketkauf und Fahrpläne, mit Tourenvorschlägen und mit Augmented-Reality-Funktion fürs Smartphone. Auf Italienisch und Englisch.

**LAKECOMOFOODTOURS.COM**
Originelle Touren, ob zu Fuß, auf dem Rad oder mit dem Schiff – und natürlich mit zahlreichen kulinarischen Zwischenstopps.

**ITINERARIUM.IT**
Wanderungen und Radtouren um Lago Maggiore, Ortasee und Lago di Mergozzo, im Ossolatal und um Varese mit Höhengrafiken, Karten und GPX-Tracks für das Smartphone. Kostenlos und auch auf Deutsch!

**APP MY ASCONA-LOCARNO**
Entdecke Angebote und Preisnachlässe für deinen Aufenthalt auf der Schweizer Seite des Lago Maggiore.

# TRAVEL PURSUIT

## DAS MARCO POLO URLAUBSQUIZ

**Weißt du, wie die Oberitalienischen Seen ticken? Teste hier dein Wissen über die kleinen Geheimnisse und Eigenheiten von Land und Leuten. Die Lösungen findest du in der Fußzeile. Und ganz ausführlich auf den S. 20–25.**

**❶ Welches Bauwerk stammt nicht aus der Feder des berühmten Tessiner Architekten Mario Botta?**

**a)** Der Busbahnhof von Lugano
**b)** Das Strandbad der Villa Olmo in Como
**c)** Das Panoramarestaurant auf dem Monte Generoso

**❷ Wer sind die *frontalieri*?**

**a)** Grenzgänger, die in Italien wohnen und im Tessin arbeiten
**b)** Schweizer, die an Wochenenden zum billigen Shoppen einfallen
**c)** Schmuggler, die bis ins 20. Jh. auf Bergpfaden Waren von Italien in die Schweiz brachten

**❸ Woran erinnert der Duft des Eau de Cologne?**

**a)** An einen Frühlingsmorgen nach dem Regen, Orangen und Kräuter
**b)** An heiße Marroni an einem regnerischen Herbsttag
**c)** An einen sonnigen Wintertag und die im Winter blühenden Kamelien

**❹ Was trieb die verwilderten Haflinger vom Monte Bisbino im Winter 2009 in die Dörfer hinunter?**

**a)** Ein aus dem Trentino eingewanderter Bär
**b)** Der Hunger
**c)** Die Bauarbeiten für den Monte-Ceneri-Tunnel

Lösungen: 1b, 2a, 3a, 4b, 5a, 6b, 7c, 8b, 9c, 10a

Wo kannst du Haflingern in freier Wildbahn begegnen? Frage 4!

**5 Wie heißt die von Harald Szeemann zusammengestellte Ausstellung über den Monte Verità?**

**a)** Brüste der Wahrheit
**b)** Geist der Utopie
**c)** Bermuda-Dreieck des Geistes

**6 Pierce Brosnans Sprung von der Verzasca-Staumauer ...**

**a)**... ging fast schief
**b)**... wurde zum besten Stunt der Filmgeschichte gekürt
**c)**... wurde später aus dem Film geschnitten

**7 Wie viele Abendmahl-Darstellungen, die Leonardo da Vincis berühmtem Fresko in Mailand ähneln, gibt es im Tessin?**

**a)** Drei
**b)**17
**c)** Über 100

**8 Was wurde in der Wirtschaftswunderzeit nach einem Ort am Lago Maggiore benannt?**

**a)** Ein Farbfernseher von Grundig
**b)** Ein Auto von Opel
**c)** Eine Waschmaschine von Miele

**9 Was begünstigte die Ansiedlung der Textilindustrie im Seengebiet?**

**a)** Die seit den Römern an den Seen heimischen Maulbeerbäume
**b)** Die heute fast verschwundenen Baumwollfelder in der nahen Poebene
**c)** Die Wasserkraft der Flüsse

**10 Welche Pflanze ist das Wahrzeichen des Lago Maggiore?**

**a)** Die Kamelie
**b)** Die Palme
**c)** Der Oleanderstrauch

# REGISTER